Sateenkaaren väri

Myötätuntoinen johtajuus

Swami Amritaswarupananda Puri

Mata Amritanandamayi Center, San Ramon
Kalifornia, Yhdysvallat

Sateenkaaren väri
Myötätuntoinen johtajuus

Swami Amritaswarupananda

Julkaisija:
 Mata Amritanandamayi Center
 P.O. Box 613
 San Ramon, CA 94583
 Yhdysvallat

———————————— *Color of the Rainbow (Finnish)* ————————

Ensimmäinen painos MA Centerin: huhtikuu 2017

Saatavissa myös: www.amma.fi

Intiassa:
 www.amritapuri.org
 inform@amritapuri.org

OMISTUSKIRJOITUS

Tämä kirja on omistettu
hänen pyhyydelleen Mata Amritanandamayi Deville.
Hänen inspiroiva elämänsä,
uskomaton viisautensa ja
vertaansa vailla oleva esimerkillisyytensä
ovat aina olleet elämääni ohjaava valo.
Tämä kirja on hänen lahjansa maailmalle
minun ollessani vain instrumentti sen välittämiseksi.

Amma
Sri Mata Amritanandamayi

SISÄLLYSLUETTELO

ALKUSANAT 1

Swami Amritaswarupananda katselee taaksepäin Mata Amritanandamayi Devin (Amman) kanssa viettämäänsä 34vuotta. Hän kertoo useita syvästi liikuttavia kertomuksia Amman ainutlaatuisesta tavasta tehdä päätöksiä, hänen maailmankatsomuksestaan ja käytännöllisestä lähestymistavasta erilaisiin strategioihin ja taktiikoihin, joilla saadaan aikaan huomattavia tuloksia.

Jokainen elinkäinen opiskelija voi hyötyä näistä mitä tehokkaimmista johtamistaidon käsitteistä. Niitä voi soveltaa käytäntöön liiketalouden teoreettinen tutkija yliopistolla; perheellinen, joka haluaa johtaa tehokkaasti kotiaan; työntekijä, joka haluaa kehittää johtamistaitojaan tai yhtiön johtaja, jolla on alaisia joka puolella maailmaa. Tässä Amman ikivanhaa viisautta käsittelevässä syvällisessä tutkielmassa herää henkiin ainutlaatuinen liike-elämän malli, joka perustuu ykseydelle, yhteydelle ja myötätunnolle.

Kappale toisensa jälkeen tuo esille käytännöllisiä tapoja käytössä olevien resurssien hyödyntämiseksi. Kirja näyttää, mikä on oikea asenne työtä kohtaan, miten pysytellä tässä hetkessä ja miten vastata rakentavasti sen sijaan, että reagoisi tuomitsevasti menneen pohjalta. Ennen kaikkea se osoittaa, kuinka tärkeää on säilyttää rakkaudellinen, myötätuntoinen ja kiinnittymätön asenne kaikkeen, mitä teemme. Arvot ovat johtamisen ja innostamisen liittymäkohdassa.

Sateenkaaren väri esittelee vertaansa vailla olevia tekniikoita auttaakseen johtajia luomaan ihmissuhteita. Sellaisia jotka tekevät mahdolliseksi hämmästyttävien tulosten saavuttamisen missä tahansa järjestössä.

ALKUSANAT 2

Hänen pyhyytensä Mata Amritanandamayi Devin – tai Amman, kuten hänet lämpimästi tunnetaan kaikkialla maailmassa – näkemykset eivät voisi saada Swami Amritaswarupanandan kirjoituksia parempaa esittelyä. Minulla on ollut etuoikeus tuntea Amma ja Swamiji läheisesti, ja saatuani vuosien varrella Amman opetuksista inspiraatiota ja moraalista rohkaisua olen iloinen siitä, että Swami Amritaswarupananda päätti kirjoittaa tämän kirjan, joka pukee elävästi sanoiksi Amman opetusten keskeisen sisällön. Uskon, että näitä johtamisen oppitunteja arvostavat muutkin kuin Amman seuraajat, ja että niiden tärkeys ja merkitys löytävät tiensä laajemmankin yleisön tietoisuuteen.

Amman tavallisuudesta poikkeava yhteiskunnallinen palvelutyö ja humanitaariset ponnistukset ovat olleet tarunomaisia. Hänen tavoitteenaan on lisätä onnellisuutta ja iloa viestinä Jumalalta, ja tämä on muuttanut miljoonien ihmisten elämän. Hänen koko elämänsä on meille valtava inspiraation lähde. Vaikka häneltä itseltään poistettiin mahdollisuus muodolliseen koulutukseen, hän on onnistunut luomaan merkittävän humanitaarisen ja hyväntekeväisyystyön verkoston, jonka toimialat vaihtelevat koulutuksesta sosiaali- ja terveyshuoltoon ja katastrofiapuun. Näiden kaikkien toimialojen johtaminen edellyttää erityisen laadukkaita johtamistekniikoita. Swamiji tuo esille Amman opetukset sekä hänen jäljittelemättömän ja vaistomaisen johtamistaidon viisautensa, jonka ansiosta hän on koskettanut ja saanut aikaan muutoksen miljoonien ihmisten elämissä.

Olen jo pitkään ollut siinä uskossa, että johtamiseen liittyy muutakin kuin vain ihmisjoukon hallinnoimista, yhtiön voiton maksimointia, ammattilaisten paimentamista kohti ennalta-asetettuja tavoitteita ja henkilökohtaisen kunnianhimon toteuttamista. Johtamiskyky kumpuaa pohjimmiltaan sisäisestä vahvuudesta, siitä, että on ankkuroitunut itseensä toimiessaan muiden kanssa. Tämän kirjan tietämys on omiaan opastamaan lukijaa sisäisen voiman lähteille. Swamijin kirja käsittelee johtamisen käytännöllisiä ja henkisiä puolia. Amman sanomaa on levitetty maailmalle yhdistämällä nämä kummatkin elementit. Tämän teoksen avulla lukijat voivat kehittää johtamistaitojaan ja käyttää niitä tavoilla, joilla on todellista vaikutusta heidän ympärillään olevaan maailmaan.

Onnittelen Swami Amritaswarupanandaa tämän johtamistaidon kirjan julkaisemisen johdosta. Olen varma, että kirja on arvokas lisä jo ennestäänkin korvaamattomaan Amman perintöön, joka on tuonut niin paljon iloa ja toivoa ihmisille kaikkialla ympäri maailmaa.

Shashi Tharoor
Intian parlamentin jäsen
Inhimillisten resurssien kehittämisestä vastaava ministeri
Entinen YK:n alipääsihteeri

JOHDANTO

Ennen tämän kirjan esittelyä tunnustan, että minulla ei ole johtamistaidon tutkintoa. En ole ammattijohtaja, vaan ennemminkin munkki. Muotoillakseni asian tarkemmin, elämäntyöni on toimia aivan erityisen maailmanjohtajan alaisena ja opastettavana. Hän johtaa maailmanlaajuista organisaatiotaan hyvin tarkoituksenmukaisten johtamisperiaatteiden avulla: opettaen omalla esimerkillään.

Hän on käynyt koulua vain neljännelle luokalle asti. Hän puhuu vain äidinkieltään malajalamia. Hänen puheensa on yksinkertaista arkikieltä. Silti hän keskustelee sujuvasti kaikenlaisten ihmisten kanssa, joiden taustat ovat monenlaisia: he edustavat eri kasteja, uskontoja, aloja ja ammatteja ja heidän koulutustaustansa ja kokemuspohjansa vaihtelevat. Hän tuntee maailman, ihmiset ja ihmismielen hämmästyttävän hyvin. Hän esittää monimutkaisimmatkin aiheet elävästi yksinkertaisten esimerkkien ja tarinoiden avulla.

Olen ollut hänen opissaan viimeiset 34 vuotta, ja olen yhä hänen oppilaansa. Hänen nimensä on *Mata Amritanandamayi Devi*. Hänen seuraajansa ja kannattajansa maailman eri puolilta kutsuvat häntä rakastavasti *Ammaksi*, ja hänet tunnetaan poikkeuksellisesta tavastaan halata jokaista häntä tapaamaan tullutta henkilöä. Hän on pannut alulle valtaisan hyväntekeväisyysverkoston, joka sisältää sairaaloita, koulutuslaitoksia, yhteiskunnallisen muutoksen tutkimustyötä, katastrofiapuohjelmia, ammatillista valmennusta, ilmaisten kotien rakentamista köyhille, orpokoteja, ja paljon muuta.

Tämän kirjan tavoitteena on antaa käsitys Amman ainutlaatuisesta tavasta johtaa yhtä maailman suurimmista hyväntekeväisyysjärjestöistä. Ansio kirjasta kuuluu täysin Ammalle, koska hän on sielun innoittaja ja opas tämän teoksen takana. Minulle tämä kirja on pitkään vaalitun unelman täyttymys. Muistan yhä elävästi, kuinka heti Amman 50-vuotisjuhlatapahtuman (Amritavarsham50) jälkeen tunsin ensimmäistä kertaa halua kirjoittaa tällainen kirja. Kerroin Ammalle toiveestani, ja hän kehotti minua aloittamaan. Sen jälkeen Amma on aina silloin tällöin kysynyt minulta: "Eivätkö siemenesi ole vielä itäneet?"

Kypsyttelin ideaa monta vuotta. Tosiasiassa olen mielessäni valmistellut tämän kirjan kirjoittamista viimeiset viisi vuotta lukien samalla kirjoja ja artikkeleita, hankkien tietoa ja ennen kaikkea havainnoiden Ammaa nähden hänet tarkkaavaisena ohjaajana. Viime kädessä nimittäin nimenomaan hänen elävät esimerkkinsä poikkeuksellisena johtajana toimimisesta vauhdittivat prosessia ja antoivat ajatuksilleni siivet.

Amman lähellä eläessä ja häntä jatkuvasti tarkkaillessa voi havaita monia ainutlaatuisia taitoja: tyyni ja myötätuntoinen tapa, jolla hän käsittelee kaikki vastaantulevat tilanteet ja ongelmat; hänen valtaisa kärsivällisyytensä ja kykynsä kuunnella empaattisesti jokaista; hänen nöyryytensä ja tasa-arvoinen näkemyksensä; hänen epämuodollinen tapansa olla ihmisten parissa ja viestiä heidän kanssaan; hänen kaikkia kohtaan ilmaisemansa rakkaus ja huolenpito; sekä hänen loppumaton energiansa. Johtajat ja päälliköt voivat oppia häneltä paljon.

Vaikka muinaisissa intialaisissa kirjoituksissa puhutaan laajalti hallinnointi- ja johtamistavoista, Frederick Taylorin alullepanema "tieteellinen johtaminen" (taylorismi) oli ensimmäinen moderni dokumentoitu johtamissuuntaus. Tämä lähestymistapa painotti tehdyn työn tutkimista ja mittausta, käytettyjen menetelmien punnitsemista, ja niiden tuloksena olevan tuottavuuden arviointia tavalla, joka ei paljoakaan välittänyt työntekijöistä. Seuraava liikehdintä alkoi Amerikassa Peter Druckerin tullessa johtamisguruksi. Taylorin ajatuksista poiketen Druckerin mielipide oli, että vaikka yhtiöiden tehtävänä on tehdä voittoa, niillä on myös velvollisuus huolehtia työntekijöistään. Hän painotti asiaa ja uskoi lujasti, että koneina kohtelemisen sijasta työntekijät tulee nähdä inhimillisinä olentoina, jotka antavat oman osuutensa kokonaisuuteen. Druckerin lähestymistavan haastoi myöhemmin japanilainen johtamistyyli, joka painotti täydellistä laatujohtamista (TMQ eli Total Quality Management) tai nollavirhejohtamista (Zero-Defect management).

Johtamismallit vaihtelivat vuosien mittaan pysyäkseen mukana ympäröivän poliittisen, sosiaalisen ja taloudellisen toimintaympäristön ja ilmapiirin muutoksissa. Vuosien ajan ns. POLC-malli (Planning, Organizing, Leading and Controlling) oli standardin asemassa. Parannukset kommunikaatio- ja viestintäteknologiassa ja suuren mittakaavan muutosten lisääntyminen liikemaailmassa saivat kuitenkin aikaan sen, että ns. ROAR-malli (Reacting, Organizing, Awakening and Revisiting) korvasi POLC-mallin viime vuosikymmenellä.

Nykyään käytetään ajanmukaista termiä "kestävä johtaminen". Tämän käsitteen mukaisessa johtamistavassa aikakautemme ongelmat kohtaavat liikestrategiat. Organisaatioissa harkitaan vakavasti myös demokraattisen päätöksenteon tuomista mukaan järjestelmään niin, että työntekijöillä olisi enemmän vapauksia työnkulun sekä tiiminvetäjien ja tiimin muiden jäsenten valinnan suhteen. Työntekijät kokevat enemmän vastuuta tasa-arvoisessa ja avoimessa ilmapiirissä. Organisaatioissa, joissa on siirrytty pois perinteisestä hierarkkisesta rakenteesta, todetaan tämän johtamisperiaatteen tuottavan parhaat tulokset. Tämänkaltaisesta rakenteesta saattaa tulla normi tulevaisuudessa.

Työyhteisöissä tarjotaan henkisiä kursseja sekä jooga- ja meditaatiotyöpajoja, joiden tarkoituksena on luoda jännitteetön ja rentoutunut ilmapiiri. Luovuutta edistetään ja uusia ideoita ja projekteja käsittelevät aivoriihisessiot houkuttelevat kaikkia osakkeenomistajia osallistumaan.

Lienee oikein sanoa, että nykyään suurimmalla osalla yhtiöitä on oma hallinnointi- ja johtamistapansa, joka koostuu yhtiön hierarkiaan monien vuosien aikana sulautetuista ideoista. Hallinto- ja johtamistaitoa koskevien selvitysten lukumäärän kasvaessa jokainen yhtiö kehittää itse omat tavoitteensa, arvojärjestelmänsä ja toimintatapansa.

Johtaminen on ensiarvoisen tärkeässä asemassa jokaisella elämänalueella, ei vain liike-elämässä ja organisaatioissa. Kaikkialla, missä ihmiset ponnistelevat yhteisen päämäärän saavuttamiseksi, havaitsemme johtamisperiaatteita joko hienommassa tai karkeammassa muodossa. Amma sanoo: "Olipa kysymys sitten viidestä henkilöstä, jotka asuvat samassa talossa tai viidestäsadasta yhtiön työntekijästä, johtaminen tarkoittaa pohjimmiltaan mielen johtamista. Keskeisin ajatus on: ellet opi johtamaan itseäsi, mieltäsi ja tunteitasi, miten voit oppia johtamaan muita tehokkaasti? Tämä on ensimmäinen ja tärkein oppitunti – opi johtamaan itseäsi."

Voimme havaita kiistatta Amman johtamistavassa kaikkein parhaimpien ja nykyaikaisimpien johtamismenetelmien piirteitä kuten yhteiskuntaa aidosti hyödyttävät ajatukset ja ominaisuudet: pelottomuuden, motivoituneisuuden, kovan työn, sopeutuvuuden, nöyryyden, myötätunnon, kurin, anteeksiantavaisuuden, kiitollisuuden, tyytyväisyyden, reiluuden, kärsivällisyyden, jne. Nähdessään Amman syleilemässä ihmisiä tunti toisensa perään, toimittajat ympäri maailmaa kysyvät Ammalta hänen väsymättömän energiansa salaisuutta. Amman vastaus heille on: "En ole kuin paristo, joka lakkaa toimimasta jonkin ajan jälkeen. Olen kytkeytynyt suoraan ikuiseen voimalähteeseen."

Tutkimalla syvällisesti tätä moniulotteista johtajaa saamme käytännöllisiä vinkkejä siitä, kuinka piilevät voimavarat otetaan käyttöön ja kuinka löydämme oikean asenteen. Voimme oppia häneltä miten ryhtymiimme projekteihin sitoudutaan ja miten niistä otetaan vastuu. Ennen kaikkea tulemme ymmärtämään rakkaudellisen, myötätuntoisen ja takertumattoman asenteen tärkeyden kaikessa, mitä teemme.

Suuresta tietäjästä Veda Vyasasta kerrotaan hyvin tunnettua tarinaa. Vyasa kirjoitti kahdeksantoista *Puranaa, Mahabharatan, Brahmasutrat* ja systematisoi *Vedat.* Viisaana ja valaistuneena sieluna Vyasa oli nähnyt ihmiskunnan tulevaisuuden ennalta. Hän ymmärsi, että tulevina aikakausina ihmiskunta syöksyisi syvään henkiseen, moraaliseen ja eettiseen taantumaan. Epäitsekkäänä maailman hyväntekijänä hän halusi tehdä jotakin onnettomien tulevien sukupolvien hyväksi. Tämän vuoksi hän silkasta myötätunnosta ensin järjesti *Vedat* ja jakoi ne neljään osaan. Sen jälkeen hän kirjoitti *Mahabharatan.* Pelkästään tämä ilmiömäinen eepos käsittää yli 100 000 säettä. Jokainen säe on kaksirivinen, joten teos sisältää yli 200 000 riviä, ja sanoja siinä on noin 1,8 miljoonaa. Tämä on noin kymmenen kertaa enemmän kuin Iliaassa ja Odysseiassa yhteensä. Hänen suorittamansa valtaisa tutkimustyö vaati useiden eri tieteenalojen todellista hallintaa, jota voidaan verrata yli sataan tohtorin tutkintoon nykypäivänä.

Vyasa uskoi aidosti, että hänen työnsä kohottaisi tulevia sukupolvia henkisesti. Kuitenkin hän näki ihmiskunnan edelleen pimeyden ympäröimänä. Sen vuoksi tämä hämmästyttävän viisas tietäjä tunsi jopa kaikkien näiden ainutlaatuisten teosten kokoamisenkin jälkeen syvää surua, joka oli tosiasiassa heijastumaa tulevasta ihmiskunnan surkeudesta. Selvittääkseen hämmennystään Vyasa meni kysymään neuvoa toiselta suurelta tietäjältä Naradalta. Narada kertoi Vyasalle, että pääsyy hänen tyytymättömyyteensä oli todellisen rakkauden puute hänen teoksissaan. Vaikka Vyasa oli valveutunut sielu ja vertaansa vailla tiedossa, hän ei ollut valanut mestariteoksiinsa jumalallisen rakkauden piirteitä. Narada sanoi, että enemmän kuin tietoa, tulevat sukupolvet tarvitsevat kokemuksen todellisesta rakkaudesta, joka paljastaa jumalaprinsiipin ykseydellisyyden. Naradan neuvon inspiroimana Vyasa kirjoitti suuren eepoksen, *Bhagavata Puranan*, joka kertoo Krishnan elämästä, lapsuusajan kepposista, ja ennen kaikkea ehtoja asettamattomasta rakkaudesta, jota lehmitytöt tunsivat Krishnaa kohtaan.

Tämä kertomus Vyasasta on täynnä merkitystä ja syviä viestejä. Ensinnäkin, elämämme ja kaikki saavutuksemme ovat merkityksettömiä, jos meillä ei ole syvää ja kunnioittavaa rakkautta koko luomakuntaa kohtaan. Toiseksi, saavutustemme lista voi olla pitkä, mutta mikään saavutuksemme ei ole kaiken huipentuma. Korkeinta olemassaolossa on rakkaus. Kolmanneksi, uinuvan rakkauden herättäminen sisällämme ja rakkauden oivaltaminen sisäisenä luontonamme nostavat meidät puhtaan myötätunnon tilaan. Kun sydän on täynnä rakkautta, se virtaa myötätuntoisina sanoina ja tekoina. Se hyödyttää, jollei aivan kaikkia, ainakin suurinta mahdollista määrää ympärillämme olevia ihmisiä. Neljänneksi, vaikka Veda Vyasa itse oli aarrearkku täynnä jumalallisia ominaisuuksia ja vertaansa vailla olevaa viisautta, hän oli tarpeeksi nöyrä pyytääkseen neuvoa ja siunausta toiselta suurelta tietäjältä, Naradalta.

Katsokaamme nyt näitä ajatuksia liike-elämän näkökulmasta. Jos meillä on paljon valtaa tai olemme korkeassa virassa tai asemassa, meidän on osoitettava kypsyyttä ja ymmärtämystä sanoin ja teoin. Jos emme ole luontaisesti sellaisia, meidän on kehitettävä noita ominaisuuksia, koska se on kannattavaa. Noiden ominaisuuksien puute vaikuttaa epäedullisesti uraamme. Kunnioittava asenne on siis tärkeä. Emme voi jäädä seisomaan paikoillemme elämässä. Jos emme liiku eteenpäin, jäämme pian kauas jälkeen. Juoksevassa väkijoukossa meidän on pakko juosta tai muut tallaavat ylitsemme. Juokse siis väkijoukon mukana, mutta nouse jossakin vaiheessa ilmaan ja kohoa korkeuksiin.

Onko jatkuvassa toistossa mitään hauskaa? Hauskuus on nousemisessa, kohoamisessa rakkauteen sen sijasta, että jatkuvasti lankeaisimme rakkauteen (falling in love, rakastuisimme). Kun kohoamme rakkauteen, saavutamme lisää kypsyyttä ja ymmärrystä. Alamme nähdä kaiken korkeammalta tietoisuudentasolta. Myötätunnon ja huolenpidon uusi valo alkaa sarastaa. Tämä johtaa nöyryyden tilaan, joka vuorostaan aktivoi puhtaan energian virtauksen sisällämme ja kaikissa teoissamme. Kun kumarramme maailmankaikkeudelle, sen voima virtaa meihin.

Mielikuvitus, luovuus ja innovatiivisuus, menestyksen kolme tärkeää tekijää, tapahtuvat vain, kun rakastamme elämää, kun kehitämme palvovan suhteen työhön.

Rakkaus on vain himoa niille, jotka pysyttelevät pelkästään fyysisellä tasolla. Niille, jotka kykenevät menemään pintaa syvemmälle mielen tasolla, rakkaus on mielikuvitusta ja luovuutta. Heille rakkaus on tunne. Suuret tanssijat, muusikot, taidemaalarit ja runoilijat menevät transsiin samaistuen joksikin aikaa syntymässä olevaan luomukseen. Ralph Waldo Emerson oli tässä selityksessään oikeassa: "Taidemaalari kertoi minulle, että kukaan ei voisi piirtää puuta tulematta jollakin tavalla itse puuksi tai piirtää lasta vain tutkimalla muodon ääriviivoja... Sen sijaan, katsomalla jonkin aikaa lapsen liikkeitä ja leikkejä maalari astuu sisälle hänen luontoonsa ja voi sen jälkeen piirtää hänet minkälaisena tahansa..." Tällainen rakkaus on syvää tunnetta, joka kestää jonkin aikaa. Se on todella harvinaista ja kallisarvoista. Sitten on olemassa kolmas ryhmä ihmisiä, jotka oivaltavat: "Minä olen rakkaus." Heille rakkaus on jatkuva kokemus. Sellaisessa rakkaudessa "minän" ja "sinän" luoma vanki katoaa. On vain rakkaus.

Intialaisten tietäjien sekä Aristoteleen ja Platonin valtaisa työ ja vaikutus, samoin kuin Homeroksen Ilias ja Odysseia, ovat esimerkkejä uskomattomista korkeuksista ja saavutuksista, joihin ihminen voi yltää yhden elämän aikana! Ne tulivat mahdollisiksi, koska he löysivät sisältään puhtaan energian lähteen, jakamattoman rakkauden. Tämä ehdollistumattoman rakkauden lähde on Amman ehtymättömän energian ja hänen saavutustensa salaisuus. Vijay Bhatkar, Intian kansallista supertietokonelaskentaa koskevan aloitteen arkkitehti, sanoo: "Amma innoitti minua tekemään supertietokoneiden rakentamista koskevan aloitteen. Amma ei painota vain älykkyysosamäärää, vaan myös tunneosamäärää ja henkistä osamäärää. Tällä tavoin hän luo tasapainon tieteellisen, henkisen ja kulttuurisen koulutuksen välille. Amma on herättänyt uudestaan henkiin rakkauden ja myötätunnon kielen. Tämä kieli on yleismaailmallista ja ikuista, ja kaikki olennot kaikkina aikoina voivat sitä ymmärtää. Amman ilmituomana rakkaus ja myötätunto kasvavat ennennäkemättömiin yli-inhimillisiin ulottuvuuksiin saakka. Halaukset ovat yleisiä vanhemman ja lapsen, läheisten ystävien ja rakastavaisten välillä, mutta Amman halaus on yleismaailmallinen ja se ylittää kansallisuuden, rodun, kielen, uskonnon, ikäryhmän ja aseman asettamat rajat.

"Joitakin vuosia sitten kuuluisa kielitieteilijä professori Noam Chomsky Massachusettsin Teknologiainstituutista MIT:stä löysi aivoista kieltä käsittelevän keskuksen, joka mahdollistaa kielten prosessoinnin ja oppimisen. Samalla tavoin Amma on tuonut esiin kaikkien kielellisten perinteiden yhteisen nimittäjän, rakkauden ja myötätunnon kielen. Amma pystyy viestimään tämän yleismaailmallisen kielen välityksellä kenen kanssa tahansa riippumatta näiden kansallisuudesta. Vaikka hän puhuukin vain malajalamia, hän pystyy vuorovaikutukseen kaikkien lastensa kanssa. Mekin voimme puhua hänen kanssaan, joskus hiljaisuuden välityksellä. Tämä on vain yksi Amman ainutlaatuisista lahjoista maailmalle."

Kun silloinen Intian pääministeri Sri Atal Bihari Vajpayee vihki käyttöön Amman vuonna 1998 perustamaa Amrita sairaalaa (AIMS), viimeisintä teknologiaa edustavaa, moneen eri alueeseen erikoistunutta sairaalaa ja tutkimuskeskusta, hän sanoi:

"Nykymaailma tarvitsee konkreettisen todisteen siitä, että inhimilliset arvot ovat käytännöllisiä, ja että sellaisilla ominaisuuksilla kuin myötätunto, epäitsekkyys, luopuminen ja nöyryys, on voimaa luoda suurenmoinen ja hyvinvoiva yhteiskunta. Amman työ antaa meille suuresti kaipaamamme todisteet."

Muistan tarinan, jonka eräs Amman seuraajista kertoi. Häntä oli pyydetty viettämään muutama päivä kuvaamassa köyhiä ihmisiä heidän alkuperäisissä asunnoissaan ennen kuin he muuttivat Amman heille rakentamiin uusiin koteihin. "Siellä oli eräs nainen. En tunne hänen tarinaansa, mutta hän oli vanha leski, jonka korvanlehdet olivat venyneet pitkiksi painavien korujen takia. Koruja hänellä ei ollut ollut kuitenkaan enää pitkään aikaan, sillä hän oli varmaankin joutunut myymään ne saadakseen rahaa ruokaan. Ennen astumistani autoon katsoin taakseni, ja ihmetykseni kasvoi entisestään. Illan pimetessä tämä ikivanha nainen sytytti öljylamppua ovella, Intian ikiaikaisen perinteen mukaisesti. Hän teki sen täysin tuntoaistinsa avulla, koska hän oli sokea – sokea nainen sytyttämässä lamppua näkeville."

"Minä olen rakkaus, minä olen Jumalan valo ihmisen muodossa." Tämä tieto toimii loppumattomana energian lähteenä. Kaikki menestykseksi kutsumamme päätyy epäonnistumiseen, jollemme onnistu olemaan hyvänä esimerkkinä tuleville sukupolville. Nimemme kirjoitetaan historian lehdille, mutta ajatuksiamme ja tekojamme ei arvosteta eikä kunnioiteta. Tämän vuoksi kaikkien johtajien tulisi ponnistella saavuttaakseen ulkoisen tiedon, terveyden ja rikkauden lisäksi sisäistä tietoa, sisäistä terveyttä ja sisäistä rikkautta. Näiden kolmen tekijän vakauttaminen on välttämätöntä sellaisen todellisen kasvun ja menestyksen saavuttamiseksi, joka tullaan muistamaan aina. Toivon vilpittömästi, että yritykseni tavoittaa ja jakaa tämän kirjan kautta Amman inspiroiva elämä ja työ hyödyttää lukijaa, ja herättää halun jäljitellä hänen esimerkkiään ainakin jossain määrin.

Haluan ilmaista sydämelliset kiitokseni Snehalle (Karin Moawadille) omistautuneesta vaivannäöstä hänen auttaessaan minua tämän kirjan editoimisessa, Swami Paramatmanandalle taittotyöstä, ja nuorelle lahjakkaalle torontolaiselle taiteilijalle Aloke Pillaille loistavasta työstä kansilehden suunnittelussa.

Swami Amritaswarupananda
Mata Amritanandamayi Math
Amritapuri ~ Kerala, Intia

Eräs toimittaja kysyi Ammalta,

"Mikä on sinun lempivärisi?"

Amma vastasi, "Sateenkaaren väri."

"Eikö sateenkaaressa olekin kaikki värit?"

"Ei, siinä on vain yksi väri. Sateenkaari edustaa rakkautta ja ykseyttä. Rakkaus on ykseyden takana oleva keskeinen ominaisuus. Ja rakkaus on se, joka ilmenee elämän kauneutena, vireytenä ja viehätyksenä. Siten rakkaus ja elämä eivät ole kaksi eri asiaa. Ne ovat yksi."

LUKU 1

Ikuisten arvojen mukainen johtaminen

N ykyaikana termit "johtaminen" tai "johtajuus" yhdistetään välittömästi yhtiön johtamiseen tai poliittiseen johtajuuteen. Johtaminen tarkoittaa pohjimmiltaan resurssien, rahavarojen, tavoitteiden ja ajankäytön valvontaa ja ohjailua. Liike-elämässä kaikki kiteytyy voittoon, ylijäämään, joka voidaan kotiuttaa kasvattamaan pankkitilin saldoa.

Vaikka johtaminen ja johtajuus liitetäänkin yleensä vain joihinkin elämänalueisiin, ne ovat oleellinen osa myös tavallista jokapäiväistä elämää. Johtamisen periaatteita esiintyy väistämättä joka puolella jossakin muodossa: pienessä kylätien varrella olevassa teekojussa ja viiden tähden hotellissa, kookospalmun lehvistä punotussa majassa ja upeassa loistoasunnossa. Elämme aikaa, jolloin samassa asunnossa asuu joko ydinperhe, yksinäinen asukas tai ystävät keskenään. Joka tapauksessa johtaminen ja johtajuus ovat merkittävässä osassa kodeissa. Kodeilla on päällikkönsä ja johtajansa aivan kuten yhtiöilläkin.

Teknologia on muokannut elämäntapaamme, ja se luo myös railoa sukupolvien välille. Monet kodit on muutettu teknologialla toimistoiksi. Erityisesti nuorempi polvi panee painoa teknologisille taidoille ja loogiselle analyysille. Vanhemmilla voi olla päätäntävalta toimistoissa, mutta kodeissa päätökset tekevät lapset, koska he ovat etevämpiä tiedonhankkijoita nykyaikaisten digitaalisten järjestelmien suhteen. He eivät ole hyviä ainoastaan tiedon keruussa, vaan he loistavat myös järjestelmien ja informaation päivittämisessä. Vanhempien yrittäessä päästä tilanteen tasalle seuraa konflikteja.

Kauppamme ovat tulvillaan erilaisia tuotteita. Puolen vuoden tai vuoden välein saamme kauppoihin uuden version matkapuhelimesta, kannettavasta tietokoneesta, iPadista, tablettitietokoneesta, autosta, moottoripyörästä, ja mistä tahansa. Tosiasiassa ihmiset ovat nykyään hyvin stressaantuneita siksi, että he "tarvitsevat" niin monia näistä uusista laitteista ollakseen onnellisia. Heidän mielihalunsa ovat hallitsemattomia. En ole pessimistinen. Me kaikki tunnistamme vääristyneen suhtautumistapamme mielihaluihimme, mutta emme halua muuttaa vanhoja kaavojamme, syvään juurtuneita tapojamme. Pienet korjaukset elämässämme ja katsantokannassamme voivat kuitenkin saada aikaan ihmeellisiä muutoksia. Meidän on vain oltava halukkaita tekemään ne.

Tämä on muinaisen mayan (illuusion) käsitteen, mukaista. *Mayan* määritelmän mukaan mikään ei ole sen enempää todellista kuin epätodellistakaan. *Maya* on sisäpuolellamme ja ulkopuolellamme. Sisäpuolellamme se ilmenee ajatuksina ja ulkopuolellamme objekteina. Näiden kahden maailman, sisäisen ja ulkoisen, aikaansaamat loppumattomat aallot käyvät jatkuvana virtana ylitsemme.

Asiat ovat jatkuvassa muutoksessa. Ihmiset odottavat, että pääsevät heittämään pois vanhemmat tuotemallinsa ja hankkimaan uudet. Lukemattomien valintojen myötä ihmiset häkeltyvät. Nämä yhteensopimattomat mielihalut vaikuttavat ihmissuhteisiin sekä perheessä että työssä.

Katsotaanpa nyt tarkemmin *mayan* käsitettä ja ihmiskunnan nykytilaa, ja tarkastelkaamme ympärillämme olevien ihmisten käyttäytymistä. Emmekö olekin joutuneet illuusion ansaan antautuessamme teknologiamaailman viehätysten helpoiksi uhreiksi?

Ihmiset kaikkialla, pieniä kyliä myöten, ovat tulleet terveystietoisiksi. Näemme monien lähtevän aamukävelylle ja lenkkeilemään. Kaupungeissa yli 60 prosenttia ihmisistä käy kuntosalilla. Samalla kuitenkin mielen sairaudet, korkea verenpaine, varhainen diabetes, sydäntaudit jne. ovat voimakkaassa nousussa. Miksi? Tähän on yksinkertainen looginen syy: ihmisillä on vähemmän levollisia hetkiä. He käyttävät enemmän aikaa murehtimiseen, itsensä levottomaksi tekemiseen, tavaroiden haluamiseen ja muilla olevien asioiden himoitsemiseen. Vapaus sisäistä tasapainoa häiritsevistä ajatuksista ja tunteista on hyvän mielenterveyden mittari.

Elämässä ovat yhtä lailla tärkeitä niin ihmisen luomat säännöt kuin maailmankaikkeuden ikuiset mysteeritkin. Tapojemme ja käyttäytymiskaavojemme painamina unohdamme tämän tasapainoisen näkemyksen. Olimmepa sitten köyhiä, rikkaita, koulutettuja, lukutaidottomia, monikansallisen yhtiön toimitusjohtajia, pienyrityksen omistajia tai maanviljelijöitä, tieto näistä kahdesta aspektista ja niiden toteuttamisesta liiketoimissamme on ensiarvoisen tärkeää.

Elämä on suurin kaikista kisoista. Kykymme pitää ihmisen luomat säännöt ja *dharman* laki täydellisessä tasapainossa vaikuttaa ratkaisevasti onnistumiseemme, onnellisuuteemme ja rauhaamme elämässä. Kun asiaa katsotaan tarkasti, kisan voittaminen ei ole pääasia. Todellinen voitto sisältyy kisan voittamiseen jalosti. On riskialtista painottaa liikaa jompaakumpaa näistä maailmoista, joten pysyttele keskitiellä. Älä valitse vain yhtä puolta. Keskeltä, keskustasta käsin saamme melko hyvän näkemyksen kaikesta, kun taas kallistumalla yhteen suuntaan näemme vain osittaisesti.

Tässä kohden henkinen ajattelu, itsetutkiskelu, meditaatio sekä ystävällinen ja myötätuntoinen asenne voivat avata kokonaan uuden maailman ympärillämme. Ehdotan siis seuraavaa reseptiä: 1) tutki itseäsi joka päivä, 2) löydä heikkoutesi ja rajoittuneisuutesi, 3) ylitä ne, ja 4) korvaa kielteiset ajatukset myönteisillä.

Muutos näkemyksessä tapahtuu vain jos oivallamme heikkoutemme ja ylitämme ne.

Hallitukset ja monikansalliset yhtiöt ovat onnistuneet parantamaan kaikkien elintasoa ja lisäämään mukavuuksia. Maailman taloustilanne näyttää parantuneen; ainakin sellainen vaikutelma on syntynyt. Jos niin on, miksi kuitenkin maailmassa on niin paljon tyytymättömyyttä ja kärsimystä? Miksi kaksisuuntainen mielialahäiriö on lisääntynyt niin hälyttävällä tavalla? Miksi itsemurhien määrä on kasvanut kaikkialla maailmassa? Miksi konfliktit, väkivalta, viha ja itsekkyys lisääntyvät? Näyttää siltä kuin mitkään käytettävissämme olevat voimavarat – taloudelliset, sotilaalliset, älylliset, tieteelliset tai teknologiset – eivät lainkaan tuottaisi myönteisiä tuloksia, tai tuottaisivat niitä vain vähän.

Yhteiskuntana edistymme tieteen ja teknologian saralla, mutta olemme hajoamassa henkisesti. Mielen täytyy kehittyä yhdessä tieteen ja teknologian kanssa, koska muuten tiede ja teknologia ainoastaan sitovat meitä ja johtavat meidät lopulta vain kärsimykseen.

Vanhemmilla, opettajilla ja muilla ihmisillä, joilla on mahdollisuus vaikuttaa nuoriin alttiisiin mieliin, tulisi olla kypsyyttä ja ymmärrystä korjata lastemme näkökulmia. Tiedämme hyvin, että tulevaisuudessa lapsemme ovat täysivaltaisia vastuullisia ihmisiä. Heistä tulee aviomiehiä ja -vaimoja, isovanhempia, johtajia, eri alojen ammattilaisia, poliitikkoja ja niin edespäin. Aivan kuten järjestämme heille koulutuksen, meidän tulisi opettaa heille, kuinka käsitellä mielihaluja ja mieltä. Samoin meidän tulisi opettaa heitä tekojen ja reaktioiden suhteen. Opastakaa heitä, että he eivät salli mielihalujen kasvaa ahneudeksi. Kertokaa heille, että voimakas halu ja syvä viha ovat todellinen vaara heidän sisäiselle rauhalleen ja ilolleen. Opettakaa heille rehellisyyden, totuudellisuuden, myötätunnon, rakkauden, välittämisen ja jakamisen arvot. Ennen kaikkea, vanhempien tulisi tietää, että pelkkä ulkoinen kuri ei riitä. Lasten täytyy nähdä vanhempansa näiden positiivisten ominaisuuksien hyvinä harjoittajina, vaikka he eivät olisikaan siinä täydellisiä.

Kun aikuistumme ja seuraamme yhteisömme vanhempien jäsenten tekemisiä saamme kuitenkin erilaisen viestin: muiden hyödyntäminen johtaa menestykseen. Opimme erheellisesti, että saavuttaaksemme päämäärämme voimme ottaa käyttöömme mitä tahansa keinoja, kuten huijaamista, epärehellisyyttä ja harhauttamista. Aikuiset opettavat lapsia esimerkiksi peittämään jälkensä ja sulkemaan kaikki porsaanreiät, jotta eivät jäisi kiinni. Lapset päättelevät tästä, että mitä juonikkaampia he ovat, sitä menestyksekkäämpiä heistä tulee. Yhteiskunta opettaa myös, että rakkaus ja myötätunto ovat heikkouden merkkejä.

Etenkin nuoret ajattelevat nykyään, että henkiset periaatteet tai ikuiset arvot ovat tarpeettomia. Mutta jos katsomme tarkemmin jokapäiväistä elämäämme, havaitsemme, että jokainen meistä harjoittaa näitä arvoja eri tilanteissa kanssakäymisessään muiden ihmisten kanssa. Me vain emme kutsu sitä henkisyydeksi. Esimerkiksi, kuunnellessasi tarkkaavaisesti toista ihmistä hänen kertoessaan sinulle ongelmistaan, olet henkinen. Kun myötäelät vilpittömästi, harjoitat henkisyyttä. Myötätunnon osoittaminen kerjäläiselle tai tarpeessa olevalle ei ole mitään muuta kuin henkisyyttä. Huolehtiessasi työntekijöidesi hyvinvoinnista olet ehdottomasti henkinen. Samoin silloin, kun sydämesi sulaa katsoessasi orpolasta, on kyseessä todellakin henkisyys. Mutta kutsummeko näitä asioita henkisyydeksi? Emme. Pidämme näitä normaaleina asioina, eikö vain? Kyllä, henkisyys opettaa meitä olemaan tavallisia ja elämään kuin normaalit ihmiset.

Valitettavasti nykyaikana, kun opiskelija valmistuu yliopistosta tai korkeakoulusta (kuten Harvard, Princeton, Yale, MIT) tai jostakin intialaisesta teknologia- tai johtamistaidon instituutista, hän luulee elämän päämääränä olevan *kama* (kallis auto, iso talo, kotiteatteri, viimeisin älypuhelinmalli, jne). Näiden mielihalujen täyttämiseen tarvitaan rahaa ja menestystä. Ihmiset tienaavat rahaa ja tulevat menestyksekkäiksi (tarkoitus pyhittää keinot) ja sanovat sitä kaikkea *dharmaksi*, oikeaksi tavaksi elää. Ihmiset ottavat esimerkiksi lahjuksia ja sanovat, että on oikein ottaa lahjuksia, koska palkka on huono ja kaikki muutkin ottavat lahjuksia.

Tuloksena tästä todellinen vapaus on kadotettu: vapaus jännityksestä, stressistä, erilaisista negatiivisista ja tuhoavista ajatuksista. Samoin on kadotettu syy-seuraus -suhde mielihalujen, rahan, oikeudenmukaisuuden ja vapauden väliltä, joiden kohdalla kaikki on käännetty ihanteensa vastakohdiksi.

Monissa maailman suurkaupungeissa sanotaan, että hyvän elintason ja sosiaalisen statuksen mukaiseen elämään tarvitaan viittä k:ta: *käteistä, kaaroja, korttiluottoja, komeita omistusasuntoja ja kerhojäsenyyksiä.* Mutta unohdamme kuudennen, *kuoleman,* joka on varma k. Saavutimmepa tai emme noita viittä ensimmäistä k:ta, kuudes tulee luoksemme vääjäämättä, riippumatta maasta, kansallisuudesta, vallasta ja asemasta. Etukäteisilmoitusta tai varoitusta ei tule. Se vain nappaa meidät ja vie meiltä pois kaiken, mitä olemme väittäneet omaksemme.

Saatat ajatella, että tämä puhe kuolemasta on epäoleellista tässä asiayhteydessä. Olen eri mieltä. Uskommepa jälleensyntymään tai emme, kuolema ei todellakaan ole merkityksetön, koska se on niin suuri tapahtuma elämässämme. Hallitessamme kiireisinä elämäämme, liikeasioitamme ja kaikkia muita asioita tullaksemme voittajiksi, unohdamme usein kuoleman, egon täydellisen tappion, joka voi kohdata meidät milloin vain. Mikään ei voi estää sitä. Kuoleman muistaminen on tärkeää siksi, että se tekee nöyräksi. Ja nöyryys on välttämätöntä sellaiselle, joka toivoo voittavansa ja onnistuvansa.

Elämme e-maailmassa: e-oppimisessa, e-lukemistoissa, e-hallinnoissa, e-kanssakäymisessä, e-kaupassa, e-kirjastoissa, e-*sevassa*, e-pankissa jne. Lista on loputon. Säilyttäkäämme kaikki nuo e:t, koska ne ovat hyödyllisiä yhteiskunnalle. Mutta välttäkäämme erästä vaarallista e:tä: egoa. Sen e:n olisi mentävä. Ainakin se olisi pidettävä hallinnassa. Älä anna egon astua esiin ja puuttua asioihin ilman lupaa. Jos sinusta tuntuu, että se on välttämätöntä, anna egon tulla esiin, ja kun sen tarkoitus on täytetty, näytä egolle ovea.

Tavallisina ihmisinä meidän ei ole helppoa saavuttaa tavoitteitamme stressin ja verenhimoisen kilpailun täyttämässä maailmassa. Pysähdy ja mieti syvästi, mitkä tavoitteesi todella ovat. Oletko priorisoinut ne? Mitä me todella tarvitsemme? Maineen, vallan, aseman ja voimavarojen lisäksi, eivätkö onnellisuus ja rakkaus ole korvaamattomia asioita elämässä?

Menestys, jonka sanotaan olevan tärkeä päämäärä jokaisen elämässä, tiivistyy todellisuudessa onnellisuuteen. Monet ihmiset ovat rahan perään voidakseen ostaa onnea. Voit kysyä itseltäsi säännöllisin väliajoin:

1. Onko onnellisuuteni lisääntymässä vai vähenemässä?
2. Onko minun sisälläni rakkautta, ja kykenenkö ilmaisemaan sitä aidosti ulospäin?

Jos vastaus molempiin kysymyksiin on myönteinen, elämäsi suunta on kohti menestystä. Kielteisessä tapauksessa olet vain hankkimassa rahaa. Todellinen johtaja ei pidä taloudellista voittoa aitona menestyksenä, jollei siihen liity erottamattomana osana myös rakkaus ja onnellisuus. Hyvän johtajan pitäisi viime kädessä osallistua ihmisten onnelliseksi tekemiseen. Onneton johtaja, jolla ei ole rakkautta jaettavanaan, voi saada ihmiset vain kärsimään.

"Onnellisuus ei ole jotakin, joka vain tapahtuu. Onnellisuus ei ole seurausta hyvästä onnesta tai sattumasta. Sitä ei voi ostaa rahalla tai käskyttää vallalla. Se ei riipu ulkopuolisista tapahtumista vaan pikemminkin siitä, miten tulkitsemme niitä.

Onnellisuus on todellisuudessa tila, jota jokaisen täytyy itse valmistella, kehittää ja puolustaa." Näin selittää unkarilainen psykologi Mihaly Csikszentmihalyi, joka on tunnettu onnellisuutta ja luovuutta käsittelevästä tutkimuksestaan. Parhaiten hänet tunnetaan kuitenkin flow-käsitteen luojana. (Korkea keskittyneisyyden ja syventymisen tila luovassa toiminnassa; taiteessa, työssä tai leikissä.)

Liiketoiminnan laajentaminen, uusien toimipisteiden avaaminen joka puolella maailmaa ja voitonteko saattaisi olla tavoiteltavaa. Mutta samalla meidän tulisi virittää mielemme maailmankaikkeuden muuttumattomiin lakeihin. Se on tarpeen positiivisen muutoksen aikaansaamiseksi ihmisten asenteissa. Tämä muutos lisää onnellisuutta ja rauhaa meistä jokaisessa - myös tulevissa sukupolvissa.

Kaikki materiaalinen edistys ja saavuttamamme voitot ovat lopulta merkityksettömiä, jos maailmasta tulee paikka, jossa kaksi ihmistä eivät voi elää yhdessä onnellisessa ja rakkaudellisessa ilmapiirissä. Tarkkailepa saman katon alla elävien kahden ihmisen muodostamaa perhettä heidän ollessaan kiinni toistensa kurkuissa. Kuinka ihmiskunta voi elää niin pinnallisesti? Meillä on teräviä johtamistaidon guruja, tieteellisiä neroja, suuria ajattelijoita ja poliittisia velhoja, mutta entä jos meillä ei ole kykyä eikä tahtoa johtaa omaa sisäistä maailmaamme, mieltämme ja tunteitamme? Mitä hyötyä on mistään, jos emme onnistu luomaan tasapainoa pään ja sydämen välille tai rikkauksien haalimisen ja onnellisuuden kaipuun välille?

On selvää, että tarvitsemme hyviä roolimalleja maailmassamme rohkaisemaan muutokseen arvoissa. Edelliselle sukupolvelle emme voi tehdä enää paljoakaan. Nykyinen sukupolvi on älykäs ja nokkela, mutta on silti kangistunut jo kaavoihinsa. Nykypolven päätökset ja unelmat on jo asetettu, mutta vasta kasvamassa olevassa sukupolvessa on valtaisa potentiaali. Todellinen innoittaja voi vaikuttaa positiivisesti nykyiseen sukupolveen sekä muovata kasvavaa sukupolvea.

Mata Amritanandamayi Devi, tai Amma, kuten häntä rakkaudellisesti kutsutaan joka puolella maailmaa, on poikkeuksellisen myötätuntoinen henkinen johtaja ja hyväntekijä. Tässä kirjassa esitellään hänen lähestymistapaansa johtamiseen, joka pohjautuu aikakausien viisauteen, sekä kuvataan, kuinka Amma näkee elämän toisenlaisesta ulottuvuudesta käsin ja miten hän johtaa olosuhteita ja resursseja, tekee päätöksiä ja innostaa ihmisiä.

Vuodesta 1993 lähtien kansainvälinen yhteisö on yhä lisääntyvässä määrin tunnistanut Amman käytännöllisen henkisen viisauden aarreaitaksi, jolla on kyky opastaa maailma kohti parempaa ja valoisampaa tulevaisuutta. Tarvitsemme kipeästi mestareita, jotka voivat opettaa meitä esimerkkinsä kautta, ihmisiä, jotka ovat luonnollisia johtajia, tieteilijöitä, taiteilijoita ja hyveellisiä poliitikkoja. Heidän vuodattamansa valo tulee todellakin tarpeeseen tänä aikana.

Vaikka Amma kävikin koulua vain neljännelle luokalle saakka, hän on terveydenhuoltoa ja koulutuslaitoksia sisältävän maailmanlaajuisen hyväntekeväisyystoimintaverkoston perustaja, opastaja ja yksinomainen innoittaja.

Ammalla on aivan erityinen tapa tavata tai ottaa ihmisiä vastaan. Tätä kutsutaan *darshaniksi*. Antamisen ilolla ja välittämisen ja myötätunnon lahjana hän syleilee jokaista antaen näiden kokea rakkauden muuntavaa voimaa. Amma aloitti *darshanit* ollessaan vasta teini–ikäinen. Amman *darshanit* kumpusivat rakastavan äidin halauksina hänen pidellessään ja lohduttaessaan kylänsä yksinäisiä ja kärsiviä. Jokainen, joka haluaa ottaa vastaan hänen lämpimän syleilynsä, pääsee hänen luokseen. Ketään ei käännytetä pois. Tunnit, päivät ja vuodet toisensa jälkeen hän tekee tätä samaa – hän on syleillyt kaikkia luokseen tulevia jo yli neljäkymmentä vuotta. Miehet ja naiset, sairaat ja terveet, rikkaat ja köyhät, nuoret ja vanhat uskonnosta ja kastista riippumatta pitävät Ammaa omana äitinään. Nykyään Amma matkustaa joka puolella Intiaa ja ulkomailla kuudella mantereella. Kaikkialla, minne hän menee, hän antaa *darshanin* jokaiselle luokseen tulevalle.

Intiassa Amman tiedetään syleilleen yksitellen kymmeniä tuhansia ihmisiä yhden päivän aikana, ja istuneen joskus yhtäjaksoisesti yli 25 tuntia. Viimeisten neljänkymmenen vuoden aikana hän on syleillyt yli 33 miljoonaa ihmistä! Jokaisen henkilön darshan on tuore ja välitön kokemus, koska Amma itse on aina välitön, tuore, aina spontaani. Amma kuuntelee meitä, ja kuiskaa korvaamme sanan tai kaksi. Hän tietää täsmälleen, mitä milloinkin tarvitsemme. Pienten eleiden avulla – pysähdys siellä, vilkaisu tuonne – hän istuttaa meihin muutoksen siemenet. Näin kertovat monet tuhannet ihmiset.

Amma sanoo: "Uskontoni on rakkaus." Toimittajat kysyvät häneltä: "Miksi halaat ihmisiä?" Hänen kärsivällinen vastauksensa on: "On kuin kysyisit joelta: 'Miksi virtaat?' En voi olla toisenlainen." Kun häneltä kysytään: "Istut ja halaat ihmisiä tunti toisensa jälkeen. Kuka halaa sinua?" hän vastaa: "Koko luomakunta halaa minua. Olemme ikuisessa syleilyssä keskenämme." Nähdessään suuret ihmismassat, jotka ovat tulossa hänen halattavakseen, toimittajat kysyvät joskus häneltä: "Palvovatko nämä ihmiset sinua?" Hän vastaa: "Ei, minä palvon heitä."

Amma sanoo: "Todellinen rakkaus ylittää kaikki esteet. Se on eheyttävää ja yleismaailmallista." Nämä yksinkertaiset periaatteet pantuna täytäntöön ovat Amman elämän perusta. Mutta niiden vaikutus on syvällinen. Miljoonia sydämiä joka puolella maailmaa parantanut Amma osoittaa todeksi kaikkien tunteman sanonnan: "Rakkaus voittaa kaiken." Hänen elämänsä on mitä suurin menestystarina – elävä todiste siitä, että on mahdollista ylittää kaikki sukupuoleen, uskontoon, kieleen, kastiin, talouteen tai koulutukseen liittyvät esteet ja rajoitukset tasapainon ja rauhan luomiseksi ihmiskuntaan.

Amma sanoo: "Rakkauden, myötätunnon, huolenpidon, rehellisyyden, totuudellisuuden, nöyryyden ja anteeksiantavaisuuden arvot ovat nykyisin kuin unohdettua kieltä. Onneksi ne ovat vain unohdettuja, eivät kadotettuja. Nuo arvot ovat yhä olemassa syvällä sisällämme, mutta piilotettuina, niin kuin pölyn peittämä peili. Meidän on vain pudisteltava pöly pois päältämme, ja löydämme uudestaan myötätunnon – todellisen luontomme – peilin. Tosiasiassa saamme lapsuudessamme monia opetuksia näistä arvoista omilta vanhemmiltamme. Lähes jokaisessa kodissa kuulemme vanhempien ohjeistavan lapsiaan: "Poika, älä milloinkaan valehtele. Kerro aina totuus. Ole reilu veljillesi ja siskoillesi. Älä ota sitä iPadia, se on siskosi. Ole rehellinen…"

Tämän kirjan sivuilla kuvailtavat ideat, perspektiivit ja erityiset johtamisen ominaisuudet eivät ehkä vetoa sellaiseen organisaatioon, joka on keskittynyt vain voittomarginaalinsa kasvattamiseen. Amman tapa tehdä asioita voi olla jäljittelemätöntä, mutta toden totta hän on loistava esikuva ja tavattoman inspiroiva. Kirjan esittelemä lähestymistapa asioihin voi olla valtaisa voimanlähde sisäisen ja ulkoisen maailman hallinnoinnissa, jos lukija on halukas opiskelemaan esimerkkejä ja omaksumaan kirjassa kuvatun johtamistyylin.

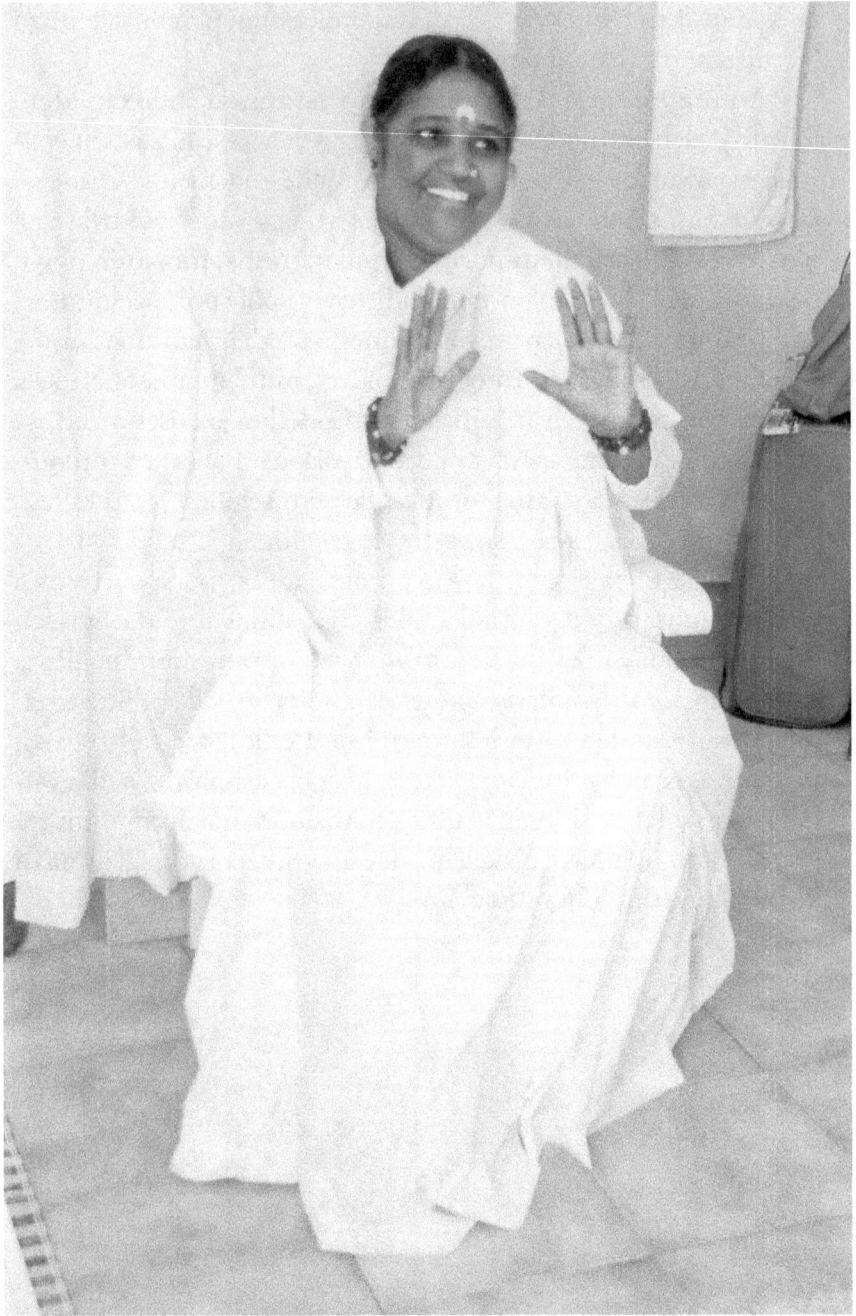

LUKU 2

Peilimalli

New York Times julkaisi 25. toukokuuta 2013 artikkelin, joka kertoi Ammasta. Artikkeli sisälsi mm. seuraavan pätkän:

"Tosiasiassa Amma on perustanut kokonaisen organisaation, joka täyttää usein hallituksen tyhjäksi jättämiä aukkoja. Kun tsunami aiheutti tuhoa Etelä-Intiassa vuonna 2004, Keralan hallitukselta kesti viisi päivää pelkästään ilmoittaa, mitä se aikoi tehdä auttaakseen ja helpottaakseen ihmisten ahdinkoa. Amma sen sijaan alkoi toimia jo muutaman tunnin jälkeen tarjoten ruokaa ja suojaa tuhansille ihmisille. Seuraavina vuosina hänen järjestönsä ilmoitti rakentaneensa yli 6000 asuntoa. Hän on rakentanut valtaisan organisaation, jota Intian julkinen ja yksityinen sektori voivat vain kadehtia. Sanotaan, että hän on rakentanut paikan, jossa kaikki toimii niin kuin on tarkoitettukin valokatkaisijoista kierrätyslaitoksiin – ja Intiassa tämä on ehkä kaikista suurin ihme."

Khaleej Times, eräs Yhdistyneiden Arabiemiraattien johtavista sanomalehdistä Dubaissa, otsikoi näkyvästi joulukuun 9. päivän 2011 numerossaan:

"Neljännellä luokalla koulusta jättäytynyt johtaa aivovuodon virran kääntymistä takaisin päin."

Juttu jatkui: "Pääministeri Manmohan Singh on esittänyt kutsun ulkomailla asuville intialaisille tieteilijöille tulla takaisin Intiaan asumaan, jotta nämä voisivat auttaa maata pääsemään raskaan sarjan kehittyneiden maiden joukkoon. Monista kannustimista huolimatta kutsu ei ole tuottanut juurikaan tulosta, mutta nainen, joka on käynyt koulua vain neljännelle luokalle saakka, on tuomassa joitakin parhaita aivoja takaisin. Paljon ylistettyä aivovuodon suunnan takaisin kääntymistä on kiihdyttämässä Mata Amritanandamayi, josta on kehkeytynyt yksi Intian johtavista hengellisistä johtajista. Samalla hän on murtanut monia muureja, niin kastien välisiä kuin myös sosiaalisia, taloudellisia, koulutuksellisia ja useita muita muureja. Amritanandamayi, jota kutsutaan yleisesti Ammaksi, on houkutellut huipputiedemiehiä kaikkialta maailmasta, ei suinkaan tarjoamalla huimia summia rahaa, vaan tarjoamalla mahdollisuutta palvella korkeampaa tarkoitusta ja päämäärää."

Miten hän tekee tämän? Mitkä ovat hänen tärkeimmät työvälineensä? Hänen käyttämänsä tekniikat eivät ole uusia. Ne ovat ikivanhat rakkauden, myötätunnon, kuuntelun ja kärsivällisyyden työkalut. Kutsun seuraavaa esittelemääni menetelmää "peilimalliksi", ja sen tarjoamiin palkintoihin kuuluvat mm. rauha, onnellisuus, tyytyväisyys sekä materiaalinen hyvinvointi. Amma on tämän menetelmän äärimmäisen taitava harjoittaja ja luoja.

1. Meditaatio: Hiljaisen kohdan löytäminen sisältä, sen ottaminen käyttöön kuuntelemalla vilpittömästi tiimin jäsenten ongelmia ja kysymyksiä, neuvojen ja ohjeiden antaminen säilyttäen samalla selkeyden, kärsivällisyyden ja tyyneyden. Tämä ei tarkoita sitä, että meidän tulisi istua 24 tuntia päivässä *samadhissa*, vaan kyseessä on sisäinen irti päästämisen ja vetäytymisen kyky sekä kyky pysyä erillään ihmisjoukosta ja ajatuksista voidaksemme mietiskellä ongelmaa, kunnes ratkaisun piilottanut suojakuori murtuu. Vertaan tätä kanaemoon, joka hautoo munia kunnes poikaset kuoriutuvat sisältä.

Amma sanoo: "Ottaen huomioon kaiken sen, mitä maailmassa tapahtuu nykyaikana, ainoa tapa pysyä järjissään on ottaa meditaatio osaksi päivittäistä rutiinia. Ammattilaisemme eivät ole vielä oppineet, millaisia ihmeellisiä hyötyjä meditaatio voi suoda heille. Kokonainen tutkimattoman aarteen maailma odottaa avaamattomana sisällämme. Valitettavasti kukaan ei halua avata aarreaittaa, vaikka avain on jätetty haltuumme. Tuon valtavan aarteen loistokkuus jää meiltä näkemättä ajatustemme ja negatiivisten tunteidemme rakentaessa valtaisia muureja itsemme ja sisäisen aarteemme väliin. On kuin seisoisimme taivaallisen kukkasen edessä näkemättä sitä."

Kun meditaatio on saatu hallintaan, mieli on horjumaton kuin lampun liekki tuulettomassa paikassa.

– Bhagavad Gita, kappale 6, säe 19.

2. Intuitio: Kun oivallamme meditaation kautta hiljaisuuden sisällämme, mieli ja sen ristiriitaiset ajatukset eivät enää ohjaile meitä. Kehitämme toisenlaisen kyvyn, intuitiivisen mielen, joka mahdollistaa oikeiden päätösten teon oikeaan aikaan, oikealla ymmärryksellä.

Kaikesta tieteen ja teknologian kehityksestä ja saatavilla olevista hienoista laitteista huolimatta on aikoja, jolloin mieli ja äly eivät löydä etsimiämme vastauksia. Usein nerokkaimmatkin aivot joutuvat lamaannuksiin pystymättä etenemään. Olemme yrittäneet ja tehneet kaikkemme, ja silti kaikki pysähtyy. Silloin tarvitsemme intuition apua, kykyä, joka yhdistää meidät tuntemattomaan tiedon lähteeseen.

Amma sanoo: "Intuitiivisuus on spontaanisuutta. Ensimmäinen askel kohti spontaanisuutta on yrittäminen ja kova työ. Seuraavalla askeleella päästä irti, unohda kaikki tekemäsi ja ole läsnä tässä hetkessä levollisessa mielentilassa pysytellen. Tästä levollisuudesta käsin kohoat kolmannelle askelmalle ja intuitiivinen mielesi alkaa toimia."

Steve Jobs, eräs aikamme johtotähdistä, on sanonut: "Aikasi on rajallinen, joten älä tuhlaa sitä jonkun muun elämän elämiseen. Älä ajaudu siihen ansaan, että elät elämääsi muiden ihmisten ajatusmallien luomien sääntöjen ja oppien mukaan. Älä anna muiden ihmisten mielipiteiden melun hukuttaa alleen omaa sisäistä ääntäsi. Ja mikä tärkeintä, ole rohkea ja seuraa omaa sydäntäsi ja intuitiotasi."

3. Älä reagoi, vaan vastaa rakentavasti: rakentavasti vastaaminen ja reagoiminen ovat kaksi erilaista tapaa suhtautua olosuhteeseen tai henkilöön. Rakentavasti vastaaminen on yhteydessä luonnolliseen ja rentoutuneeseen mielentilaan. Rakentavasti vastaavalla ihmisellä on enemmän ymmärrystä. Ymmärrys auttaa meitä arvioimaan tilanteita tuomitsematta, mikä johtaa meidät uusille tiedon käytäville. Vastatessamme rakentavasti näemme jotakin, mitä muut eivät näe. Ennakkoluuloton lähestymistapamme tekee päätöksistämme parempia. Tällä lähestymistavalla on positiivinen vaikutus tuottavuuteemme. Itse asiassa kyky ottaa vastuuta omasta toiminnasta vaatii kykyä vastata tilanteisiin rakentavasti.

Reaktiivisen ihmisen mielenmaisema on puolestaan suhteellisen tasapainoton. Kuka tai mikä tahansa voi saada hänet pois tolaltaan ja vauhkoksi. Sellainen ihminen on räjähtämisen partaalla. Ja mikä pahinta, koska reaktiivisen ihmisen mieli menettää usein levollisuutensa, hänen päätöksistään puuttuu tarkkuus.

Reagoimalla itse asiassa kutsumme kilpailijamme voittamaan meidät, koska reagoiminen tekee meistä haavoittuvia. Rakentavasti vastaaminen on puolestaan mieleltään vahvan henkilön piirre; henkilön, joka hallitsee tunteensa paremmin.

Rakentavalla tavalla tilanteeseen suhtauduttaessa viha saattaa kyllä tulla pintaan tilanteen niin vaatiessa, mutta tietoinen ihminen ei anna vihan viedä itseään mennessään. Reaktiivinen ihminen puolestaan hukkuu vihan tulvan alle, jolloin hän ei kykene toimimaan tilanteen vaatimalla tiedostavalla tavalla.

Tarkastelemme ihmisiä, tilanteita ja asioita enimmäkseen menneiden kokemustemme valossa. Emme voi olla arvostelematta.

Se tapahtuu tiedostamattomasti ja on toinen luontomme. Emme ymmärrä, että kun annamme menneisyytemme vaikuttaa arvostelukykyymme, me reagoimme emmekä vastaa rakentavasti. Reaktio pohjautuu menneisyydelle, rakentava suhtautuminen pohjautuu nykyhetkelle.

Millä tavoin tarkastelemme vanhempiamme, perheenjäseniämme, esimiehiämme ja työtovereitamme? Menneisyyden kautta, eikö vain? Olemme keränneet heistä menneisyydessä liian paljon vaikutelmia. Nämä vanhat kuviot estävät savuverhon lailla meitä näkemästä heitä joka hetki kuin uusin silmin. Jos kuitenkin todella ajattelemme asiaa, eikö ole oikein sanoa, että synnymme uudestaan joka hetki? Jotkut asiat kuolevat meissä, ja jotkut toiset asiat syntyvät. Mutta kun tarkastelemme ihmisiä mieli menneisyyteen kiinnittyneenä, emme havaitse elämän uusia puolia. Emmekö menetäkin jotakin arvokasta jättämällä huomioimatta tämän puolen ihmisissä ja asioissa? Tiivistetysti: suuri enemmistö meistä ajattelee vastaavansa rakentavasti, mutta todellisuudessa reagoimme, sillä me tarkkailemme aina tilanteita ja ihmisiä menneisyyden muistoista käsin. Rakentavasti vastaamista tapahtuu täten vain harvoin, kun taas reagoimista tapahtuu melkoisen usein.

Thomas Paine, kirjoittaja, vallankumouksellinen, radikaali, keksijä, älykkö ja eräs Amerikan Yhdysvaltojen perustajista vastasi hänelle esitettyyn kysymykseen vihan hallinnasta: "Paras hoitokeino vihaan on viivyttäminen."

Amma ehdottaa: "Kun joku kritisoi sinua, sano hänelle ainakin: 'Anna minun nukkua yön yli, ja tulen takaisin luoksesi muutaman tunnin päästä. Jos sanomasi on totta, hyväksyn sen. Muussa tapauksessa saat ottaa sanasi takaisin.' Mitä luultavimmin oivallat, että hän oli oikeassa ja sinä väärässä, koska olit reaktiivisessa mielentilassa. Hän oli tyynemmässä mielentilassa, saattoi astua sivuun ja olla sivustaseuraaja."

Jokaisella tunne-elämässä käynnistyvällä häiriöllä on tietty tiheys, voimakkuus ja toipumisjakso. Nousu tietoisuutemme tasossa minimoi näitä tunnehäiriöitä. Kun teemme työtä tietoisuutemme tason eteen, vähenee myös normaaliksi palautumiseen tarvittu aika. Tämä valppaus auttaa lopulta säilyttämään tyyneyden, hyväntuulisuuden ja luottavaisuuden kaikkina aikoina. Kun sisäinen kykymme palata tyyneyden tilaan syvenee, koko ajatteluprosessistamme tulee paljon terävämpi, ja päätöksistämme tulee virheettömämpiä.

4. Ykseys: Ykseyden tunne työnantajan ja työntekijän välillä. Tärkeimmät ykseyteen johtavat tekijät ovat rakkaudesta syntynyt side ja kuuntelemisen kyky. Nämä kaksi, rakkaus ja kuunteleminen, kulkevat käsi kädessä. Rakastava sydän kuuntelee. Kuunteleminen antaa lisää voimaa ja itseluottamusta tiimin jäsenille. He avautuvat, luottavat ja suorittavat tehtävänsä ennemminkin palveluun omistautuneina kuin vain saadakseen palkkaa ja ylennyksen. Tällöin yhteistyö toimii, ja kaikki työskentelevät yksissä tuumin. Koko tiimi työskentelee yhteisymmärryksessä saavuttaakseen asetetut tavoitteet.

Amma sanoo: "Jumala ei ole henkilö, joka istuu kultaisella valtaistuimella pilvien yläpuolella jakamassa tuomioita. Jumala on kaiken läpäisevä puhdas tietoisuus, todellinen olemuksemme. Olemme siis yhtä olemukseltamme. Aivan kuten sama sähkö ilmenee hehkulampun, tuulettimen, jääkaapin, television ja muiden sähkölaitteiden toiminnassa, myös sama elämän voima yhdistää jokaisen. Kun vasen käsi on kipeä, oikea käsi automaattisesti huolehtii ja hoivaa sitä, koska molemmat kädet ovat osia samasta yksiköstä, kehostamme. Me emme ole toisistaan täysin erillään olevia olentoja, jotka elävät erillään olevassa maailmassa. Me olemme jokainen olennainen linkki maailmanlaajuisessa ketjussa."

Tunnettu fyysikko Fritjof Capra huomauttaa kirjassaan *The Turning Point*: "Kvanttiteoria paljastaa meille maailmankaikkeuden perustavanlaatuisen ykseyden. Se osoittaa, että emme voi pilkkoa maailmaa itsenäisesti olemassa oleviin pienimpiin yksiköihin."

5. Arvostaminen: Arvostaminen ei ole pelosta vaan rakkaudesta syntynyttä kunnioitusta. Työntekijät siis sekä kunnioittavat että rakastavat työnantajaa. Tämä arvostaminen luo suhteellisen kitkattoman ilmapiirin työnantajalle ja työntekijöille.

Amma sanoo: "Kulttuurin, perinteiden ja arvojen opettamisella täytyy olla sijansa tavallisessa opetussuunnitelmassa voidaksemme säilyttää monimuotoisuuden, jota globalisaatio tuhoaa. Rakkauden, myötätunnon ja luonnon kunnioittamisen arvojen opettamisen pitäisi olla opetussuunnitelman ytimessä sellaisten aineiden ohella kuin matematiikka ja kielet. Kun olemme muiden kanssa tekemisissä toinen toistamme kunnioittaen, ymmärtäen ja hyväksyen, pystymme viestimään sydämen tasolla."

Koska kaikki on sisäisen jumalallisen tietoisuuden läpäisemää, kunnioittava asenne kohottaa meidät korkeammalle puhtaan energian tasolle.

Peilimallin mukaisen tiimin johdossa on innokas ja inspiroiva roolimalli. Näyttämällä esimerkkiä rakkaudesta, kärsivällisyydestä, myötätunnosta, hyväksynnästä, sinnikkyydestä, täydellisestä tunteiden hallinnasta ja ystävällisestä lähestymistavasta hän korvaa erillisyyden tunteen ykseyden tunteella. "Minä haluan"-tunne korvataan "minä olen velkaa"-tunteella maailmaa ja kanssakulkijoita kohtaan. "Minä olen pomosi, siis tottele minua"-tunne korvataan tunteella "me olemme kaikki täällä palvelemassa, ole siis nöyrä".

Amman epätavallinen kyky kuunnella kaikenlaisia ongelmia ja hänen ihmeellinen kykynsä vuorovaikutukseen kaikenlaisten ihmisten kanssa kaikkialta maailmasta on tarunomainen. Häntä tapaamaan tulee kymmeniä tuhansia ihmisiä, minne ikinä hän meneekin. Väkijoukon koosta riippumatta hän istuu tuntikaupalla syleillen lämminhenkisesti jokaista, olipa heidän sukupuolensa, ikänsä, statuksensa tai fyysinen tilansa mikä tahansa. Hän kuuntelee kärsivällisesti heitä, jotka vuodattavat sydämensä hänelle. Ja jokainen tilaisuus kestää niin kauan, kunnes viimeinenkin henkilö jonossa on päässyt hänen luokseen.

Äitinsä heikon terveydentilan vuoksi Amman täytyi lopettaa koulunkäynti neljännen luokan jälkeen. Perheen kaikki kotityöt tulivat hänen kontolleen tuossa herkässä iässä. Amma puhuu vain äidinkieltään malajalamia. Kuitenkin hän kommunikoi sujuvasti ihmisten kanssa kaikista kansallisuuksista, kielistä ja kulttuureista, eikä tilanteeseen liity minkäänlaisia omituisia tunteita tai vierauden tunnetta.

Jokaisella meistä on omat vakaumuksemme elämästä ja päämääristä, jotka haluamme saavuttaa. Varkaan vakaana aikomuksena on varastaa. Rahaan suuntautuneen ihmisen päämääränä on tehdä rahaa keinolla millä hyvänsä. Samalla tavoin uhkapeluri ajattelee: "Pelaaminen on elämää." Amman vakaumus on, kuten hän kuvasi UNAOC:n (United Nations Alliance of Civilizations) konferenssissa 29.12.2012 pitämässään puheessa Shanghaissa: "Kokemukseni mukaan kieli, jota ihmiskunta ja kaikki muut elävät olennot ymmärtävät, on rakkaus. Olen puhunut viimeisimmät 40 vuotta rakkauden kielellä kaikenlaisten ihmisten kanssa köyhimmistä rikkaimpiin ja kuuluisimpiin. He ovat edustaneet eri uskontoja, kasteja ja rotuja, ja he ovat puhuneet äidinkielenään eri kieliä. Rakkaudelle ei ole esteitä. Luotan täysin siihen, että rakkauden muuntava voima yhdistää kaikki sydämet."

LUKU 3

Työn juhlistaminen

Yhdistyneiden Kansakuntien 50-vuotisjuhlissa pitämässään puheessa New Yorkissa Amma sanoi: "Tämä maailma on kuin kukka. Jokainen kansakunta on sen terälehti. Jos jossakin terälehdessä on tuholaisia, eikö se vaikuta kaikkiin muihinkin terälehtiin? Eikö tauti tuhoa kukan kauneutta ja elämää? Eikö meidän jokaisen velvollisuus olekin suojella ja säilyttää tämä yhden maailmankukan kauneus ja tuoksu niin, ettei se tuhoudu?"

Nykymaailmassa jokaisen suosikkimantra on menestyminen. Tosiasiassa ihmiset ovat aina etsineet ja kaivanneet yhtä ja samaa asiaa. Vain sanat ja tulkinnat vaihtelevat.

Eri kulttuurit määrittelevät menestyksen eri tavoin. Suurimmalle osalle ihmisistä se tarkoittaa rahaa, valtaa ja mielihyvää samaan tapaan kuin hedonistisessa filosofiassa. Kuten Siduri, eräs mesopotamialaisen Gilgamesh-eepoksen hahmo sanoo: "Täytä vatsasi. Pidä hauskaa päivin öin. Olkoon päivät ilon täyttämät. Tanssi ja musisoi päivin öin." Myöhemmin on ilmaantunut muita hedonismin muotoja kuten eettinen hedonismi, kristillinen hedonismi, utiliatarismi, epikurolaisuus, ja niin edelleen.

Intiassa eli aikoinaan Charvaka, toisinajatteleva hindu, joka ajoi materialistisen filosofian aatetta. Hänen kantansa oli: "Kun ruumiista tulee tuhkaa, ei takaisin enää tulla. Siksi syökää, juokaa, heittäytykää mielihalujenne vietäväksi ja pitäkää hauskaa."

Vaikka näitä filosofioita kutsutaan eri nimillä, ne ovat kaikki pohjimmiltaan materialismia, mielihyvän etsimisen filosofiaa. Niiden välillä on vain aste-eroja. Pientä vähemmistöä lukuun ottamatta kaikki ihmiset nykymaailmassa ajattelevat samalla tavalla. Kaikki menestyksen määritelmät ja käsitteet elämän kaikissa toimissa ovat loppujen lopuksi materialistisia.

Me ajattelemme elävämme pitkään, mutta Amma sanoo elämän olevan tosiasiassa hyvin lyhyt, kuin kupla verrattuna äärettömään aikaan. Elämä on kuin iso säkki kultaa, joka on annettu meille syntymässä – suurenmoinen lahja. Mutta heti, kun olemme ottaneet ensimmäisen henkäyksemme, maailmankaikkeus alkaa periä meiltä takaisin meille annettua aikaa. Eikä se lopeta sitä hetkeksikään. Se kerää ja kerää ja kerää, kunnes olemme vararikossa. Ja kun olemme vararikossa, Kuolema tulee kylään. Eläkäämme siis täydesti.

Luin hiljattain pääkirjoituksen eräästä valtavirran sanomalehdestä. Sen kirjoittaja, eräs hyvin tunnettu liikkeenjohdon konsultti sanoi: "Ahneus on itsessään hyvää, koska se antaa ihmisille syyn herätä aamuisin, mennä töihin ja yrittää onnistua jossakin. Vasta kun ihmiset ylittävät rajan ja siirtyvät hyvän teosta tekemään jotakin epäeettistä ja rikollista, tulee ahneudesta pahaa."

Khaled Hosseini, nykyinen YK:n pakolaisjärjestön hyvän tahdon lähettiläs, kirjoittaa seuraavasti romaanissaan 'Leijapoika (The Kite Runner)', joka on New York Timesin bestsellerlistalla: "Samana yönä kirjoitin ensimmäisen lyhyen tarinani. Kirjoittaminen kesti 30 minuuttia. Se oli synkkä pieni kertomus miehestä, joka löysi taikamaljan ja huomasi, että hänen itkemänsä kyyneleet muuttuivat maljassa helmiksi. Mutta vaikka hän oli aina ollut köyhä, hän oli onnellinen mies ja vain harvoin vuodatti kyyneleitä. Niinpä hän keksi tapoja, joilla tehdä itsensä surulliseksi, jotta hänen kyyneleensä voisivat tehdä hänet rikkaaksi. Helmien kerääntymisen myötä hänen ahneutensa kasvoi. Tarina loppui siihen, kuinka mies istui helmivuoren huipulla itkien vuolaasti maljaan, veitsi kädessään, hänen rakkaan vaimonsa surmattu ruumis käsivarsillaan."

Tarinan tiivistelmän lukemisen jälkeen voisin kuvitella, että olet samaa mieltä kanssani siitä, että pääkirjoituksessa esitetty arvio "ahneus on itsessään hyvää" ei ole oikea. Ahneuden seurauksista riippumatta ahneuden ei tulisi olla toiminnan kantava voima. Pikemminkin kantavana voimana tulisi olla syvällinen ilon tunne siitä, mitä teemme. Tarkoituksemme tulisi olla laajempi kuin pelkkä varojen kerääminen.

Amma sanoo: "Haluaminen on luonnollista ihmisille. Se on osa olemassaoloa. Mutta ahneus ja hyvin voimakas himoaminen on epäluonnollista, ja ne ovat olemassaoloa vastaan, Jumalaa vastaan. Sama pätee ruoan tuhlaamiseen ja luonnon antimien ottamiseen yli oman tarpeen. Nämä teot ovat luonnon asettamien lakien vastaisia."

Miten kuvaisit taloudellisen taantuman yhdellä lauseella? Se on läpi yhteiskunnan tulvivaa yhtiöiden ahneutta. Merkitsevää siinä on, että me tietoisesti tai tiedostamatta unohdamme sisäisen tyytyväisyyden rikkauden. Meitä ei kiinnosta kehittää arvostelukyvyn sisäistä taitoa.

Vielä muutama vuosi sitten kalliit tavarat kuten auto, matkapuhelin, jne. nähtiin ylellisyytenä. Nyt ne ovat välttämättömyyksiä. Entisaikojen ylellisyyksistä on siis tullut tämän päivän välttämättömyyksiä. Välttämättömyydet ilmenevät nykyään mielihalujen lisääntymisenä. Eikä tämä vielä riitä. Nämä mielihalut ovat nyt ottamassa äärimmäisen ahneuden ja hyväksikäytön muodon. Tämä asenne on johtanut perustavanlaatuisten arvojen menetykseen, mikä puolestaan aiheuttaa epätasapainoa luonnonvaroissa. Vaikka näemme, että maailma ympärillämme on luhistumassa, emme halua muuttaa ajattelutapaamme. Jatkamme hyväksikäyttöä.

"Halut ovat loputtomat!" sanovat ekonomistit. Myös mielihalut ovat mielestämme tärkeitä täytettäviä päämääriä.

Mietiskellessään aistikohteita ihminen kiintyy niihin. Kiintymyksestä nousee mielihalu. Ja kun mielihalun nauttiminen estyy mistä tahansa syystä, tulee esille suuttumukseksi kutsuttu voima. Suuttumuksesta kohoaa harhainen käsitys, ja harhaisesta käsityksestä muistin sekavuus. Kun muisti on mennyt sekaisin, äly häviää, ja älyn hävittyä ihminen putoaa asemastaan.

– Bhagavad Gita, kappale 2, säkeet 62–63.

Jos ihmisen sairaudesta muodostuu hänen keskeinen olemuksensa, hän ei enää huomaa sairautta. Kun tämänkaltainen tietämättömyys muuttuu olemisen perusolemukseksi, ei poispääsyä ole.

Todellinen avain menestykseen on menneisyyden unohtaminen ja nykyisyydessä, tässä hetkessä oleminen.

Amma sanoo: "Nykyhetkessä eläminen ei tarkoita, että meidän ei pitäisi suunnitella. Kun piirrät sillan rakennussuunnitelmaa, ole silloin täysin läsnä. Ja kun rakennat siltaa, ole silloin siellä täysin läsnä. Leikkauksen aikana kirurgin ei pitäisi ajatella kotona olevaa puolisoaan ja lapsiaan. Jos hän ei pysy täysin keskittyneenä nykyhetkessä, hän saattaa menettää potilaansa leikkauspöydälle. Silloin kun hän on kotona puolisonsa ja lastensa kanssa, hänen tulisi olla hyvä puoliso ja hyvä äiti tai isä. Töiden tuominen kotiin ja kodin tuominen töihin on vaarallista. Työnteosta tulee iloista vasta kun kykenemme täyttämään sen rakkaudella. Rakkaus on nykyhetkessä. Työhön rakastuminen on siis onnellisuutemme lähteeseen yhdistymistä. Tosiasiassa kyseessä ei ole rakastuminen. Oikealla tavalla otettuna se auttaa meitä kohoamaan rakkaudessa ja onnellisuudessa. Säilytä tuo ilo ja syvä rakkauden tunne. Se saa meidät vähitellen kohoamaan alallamme todellisen mestarin tasolle."

Todellisuudessa unohdamme nimemme, asemamme, osoitteemme, perheemme ja statuksemme ollessamme täysin uppoutuneena johonkin meitä kiinnostavaan. Niin tapahtuu runoilijoille, maalareille, laulajille, tanssijoille, tieteilijöille sekä innovatiivisten ideoiden kehittäjille. Siihen liittyvä riemukas mielentila tulee sisältäpäin, ei ulkoa. Siinä tilassa emme enää edes tiedosta, millaista työtä teemme, olipa työ sitten merkittävää tai vähäpätöistä, koska nautinto on tärkeämmässä osassa.

Vuosia sitten, kun Amman ashramin keskuspaikka Keralassa oli vielä pelkkä takavesien ympäröimä pieni maatilkku, eräs asukkaiden vakiorutiineista oli "hiekkaseva", jossa täytettiin keskuksen ympärillä olevia suoalueita uudella hiekalla. Se antoi jokaiselle halukkaalle tilaisuuden palveluun. Kaukaisista paikoista laivattu hiekka kasattiin takavesien rannoille. Sieltä se lapioitiin koreihin, jotka ihmiset sitten kantoivat pään päällä täyttöalueille.

Iltarukouksen ja illallisen jälkeen hiekkasevakelloa saatettiin soittaa mihin aikaan tahansa. Hiekkasevasta oli tullut osa ashramin asukkaiden normaalia rutiinia niin, että jokainen odotti innokkaasti kellon soittoa. Se saattoi soida kymmeneltä, yhdeltätoista, kahdeltatoista tai jopa vasta keskiyön jälkeen. Heti kellon soitua kaikki asukkaat olivat valmiina korien, lapioiden, kauhojen, hakkujen ja muiden tarpeellisten työkalujen kanssa hiekkasevaa varten.

Kaikki asukkaat iästä, kansallisuudesta, sukupuolesta ja kielestä riippumatta kerääntyivät ensin aina Amman huoneen eteen odottamaan häntä. Pian Amma tuli ulos ja sanoi: "Okei, lähdetäänpäs sitten..." Amma oli aina eturintamassa täysillä. Joskus hän kauhoi hiekkaa säkkeihin. Joskus hän taas kantoi hiekkasäkkejä hartioillaan aina suolle saakka. Samanaikaisesti hän valvoi kaikkea ja antoi ohjeita. Silloin tällöin hän kertoi vitsin, lauloi laulun, tai tanssi muutaman askeleen hiekkasäkki olkapäillään tai päänsä päällä. Kun asukkaat yrittivät estää häntä kantamasta painavaa hiekkasäkkiä tai kauhomasta hiekkaa, hän sanoi hymyillen: "Jos te voitte, voin minäkin."

Ryhmän jokainen jäsen työskenteli äärimmäisellä vilpittömyydellä, innolla ja rakkaudella. Ne olivat hauskoja, todella iloisia tilaisuuksia, joissa työskentely tuntui hauskanpidolta, aivan kuin kaikki olisivat tanssineet. Ihmiset eivät olleet edes tietoisia ajan kulusta. Hiekkaseva kesti yleensä vähän päälle kaksi tuntia. Lopulta työ keskeytyi, kun Amman kuultiin sanovan: "Riittää tältä päivältä." Kello oli reilusti yli puolenyön.

Mutta kaikki ei ollut ohitse vielä. Amma johti koko ryhmän takaisin keskuspaikkaan ja kysyi: "Onko musta kahvi jo valmista? Onko meillä sekoitusta ja banaanilastuja?" ("Sekoituksessa eli mixissä" on yleensä erilaisia paistettuja ja maustettuja aineksia. Banaanilastut ovat suolattuja ja paistettuja banaaniviipaleita) Heti kahvin ja suolapalojen saavuttua Amma istuutui hiekalle asukkaiden ympäröimänä. Sitten hän tarjoili jokaiselle mustaa kahvia sekoituksen kera.

Muistan elävästi tapauksen, joka sattui yhdessä noista tilaisuuksista. Amman jakaessa kahvia ja lastuja hän sanoi yhtäkkiä eräälle asukkaalle, joka oli tulossa hakemaan kahvi- ja banaanilastuannosta: "Sinähän et tehnyt työtä?"

"Ei, menin nukkumaan."

"Onko reilua nauttia muiden ihmisten tekemän työn hedelmistä?" Amma kysyi rauhallisella äänellä.

"Ei". Hän vastasi rehellisesti. "Olen pahoillani, Amma." Kun hän käveli pois, Amma kutsui hänet takaisin ja sanoi: "En tahdo tehdä sinua surulliseksi. Se saa minutkin surulliseksi. Mutta en halua myöskään muiden pahoittavan mieltään sinun vuoksesi, enkä halua antaa vääränlaista esimerkkiä. En voi olla puolueellinen. Tarkoitus ei ole luoda muissa vaikutelmaa, jonka mukaan yhteisistä töistä voidaan vapaasti lipsua. Mieli on niin petollinen, että se on aina keksimässä tekosyitä tilanteista ja velvollisuuksista pakenemiseen. Olenko väärässä? Mitä luulet?"

Tällä kertaa asukas vaikutti todella katuvalta. Hän sanoi:
"Amma, olet täysin oikeassa." Siinä vaiheessa Amma sanoi hänelle:
"Tee nyt yksi asia. Kanna yksi hiekkasäkki takavesien rannalta
alueelle, jossa täytimme suota, ja tule sitten takaisin. Saat sitten
kahvi- ja banaanilastuannoksesi." Hänen lähdettyään Amma
sanoi muille: "Hänen täytyy kantaa yksi säkki, koska Amma ei
halua olla epäreilu niitä kohtaan, jotka ovat tehneet työtä epäit-
sekkäästi. Nautinto ja rentoutuminen seuraavat epäitsekkäästä
työstä."

Saatamme ajatella, että Amma oli liian pikkutarkka ylirea-
goidessaan mitättömään virheeseen ja saadessaan sen näyttä-
mään vakavalta rikkeeltä. Kuitenkin persoonaamme muovaavat
tapamme juontuvat ajatuksista, jotka tavallisesti sivuutamme
merkityksettöminä tai epäolennaisina. Me kaikki tiedämme,
kuinka yksittäiset väärät teot voivat kasautua vaarallisiin mitta-
suhteisiin saakka. Esimerkiksi varastelu alkaa tavallisesti pienistä
tai vähäpätöisistä näpistyksistä ja saavuttaa myöhemmin laajem-
mat mittasuhteet.

Usein myös menestys alkaa ensin pienestä ja kasvaa sitten.
Useiden monikansallisten yritysten kuten Microsoftin ja Applen
alku oli vaatimaton. Myös kahden Intiassa alkunsa saaneen
monikansallisen yrityksen, Tatan ja Reliancen, alkutaival oli
vaatimaton. Infosysin alkupääoma oli vain 250 USA:n dollaria.
Siitä se on kasvanut 7,4 miljardin dollarin nimellisarvoon ja noin
31 miljardin dollarin markkina-arvoon.

Omenan putoaminen puusta ei ole iso asia. Sir Isaac New-
tonin mielessä se kuitenkin avasi uuden maailman, mikä johti
suureen keksintöön. Kaikki luonnossa alkaa pienestä. Pienestä
siemenestä kasvaa valtava puu. Alkuräjähdysteorian mukaan
koko maailmankaikkeus laajeni yhdestä pienestä pisteestä.
Amerikkalainen maalari Ralph Ransom sanoi: "Elämä on sarja
askeleita. Asiat tehdään vähä vähältä. Aina silloin tällöin otetaan

jokin valtava askel, mutta suurimman osan aikaa otamme pieniä, näennäisen merkityksettömiä askeleita elämän portaikossa."

Amma sanoo: "Tässä maailmassa ei ole mitään epäoleellista. Kaikki on oleellista, kaikki on merkittävää. Lentokone ei voi lähteä lentoon, jos sen moottorissa on tekninen vika. Se ei pääse lentoon myöskään, jos siitä puuttuu keskeinen ruuvi. Moottoriin verrattuna ruuvi on pieni. Voimmeko sanoa, että koska moottori on iso ja ruuvi pieni, älkäämme välittäkö ruuvista? Ei, emme voi."

Vastuullisina kansalaisina ja yhteiskunnan hyvinvoinnin edistäjinä meidän on tärkeää ymmärtää, että mitään ei voida sivuuttaa vähäpätöisenä. Kaikella on tarkoituksensa.

Kuten edellä on kerrottu, Keralan henkisen keskuksen koko maa-alue oli kerran suota. Asukkaat ja vierailijat täyttivät maa-alueen sellaiseksi kuin se nykyään on, ilman ulkopuolisia urakoitsijoita Amman ollessa urakassa jatkuvasti fyysisesti läsnä, osallistuen ja opastaen. Vaikka edellä mainittu hiekkasevatapaus näyttää vähäpätöiseltä, se kertoo tietoisuuden kehittämisen tarpeesta elämän kaikissa tilanteissa. Kuten Amma sanoo: "Ilman tietoisuutta ei ole elämää. Tietoisuus kehon liikkeistä, kehon ulkopuolella tapahtuvista asioista sekä mielessä tapahtuvista ajatuksista ja tunteista on todellista tietoisuutta. Sillä tavoin todellakin voidaan tarkistaa, etteivät paheet hallitse meitä." Mieleeni muistuu Aristoteleen sanonta: "Elämän lopullinen arvo riippuu ennemminkin tietoisuudesta ja mietiskelyn voimasta kuin pelkästä henkiinjäämisestä."

Hiekkasevatarina osoittaa myös rakkaudellisen ja nöyrän asenteen tarpeen, kun lähestytään ihmisiä ja toimitaan erilaisissa tilanteissa. Amman sanat: "En tahdo tehdä sinua surulliseksi. Se saa minutkin surulliseksi" osoittavat hänen rakkaudellisuutensa tiiminsä jäseniä kohtaan. Kun Amma ei antanut kahvia ja lastuja asukkaalle, joka ei osallistunut hiekkasevaan, hän antoi selvän viestin siitä, että asiat on hoidettava reilusti ja että emme voi aina pitäytyä omissa tavoissamme. Olkaamme joukkuepelaajia. Tällä tavoin hän sai kaikki iloisiksi.

Kaikkein huomattavinta on se, kuinka Amma muuntaa tavallisen työn iloiseksi kokemukseksi ja osoittaa johtajan kykyjä innostamalla joukkueen jäseniä ja ylläpitämällä heissä hyvää henkeä vuorokaudenajasta riippumatta. Kuten J.R.D. Tata huomioi osuvasti: "Meidän on voitettava ihmiset luonteella ja ystävällisyydellä. Ollaksesi johtaja sinun on johdettava ihmisiä lempeydellä."

LUKU 4

Hyvät ja huonot kierteet

Taloudessa käytetyt termit 'hyvä kierre' ja 'huono kierre' viittaavat tavallisesti monimutkaiseen tapahtumasarjaan, joka vahvistaa eteenpäin suuntautuvaa liikettä ja tietynlaatuisia tuloksia ilmiön kautta, jota voitaisiin kutsua takaisinkytkennäksi. Ilmiöön viitataan myös nimillä "hyvä kehä" ja "huono kehä". Kuten termit antavat ymmärtää, hyvä kierre tuottaa suotuisia tuloksia ja huono kierre epäsuotuisia tuloksia.

Kun tieteelliset ja teknologiset innovaatiot lisäävät talouden kasvua, saattaa muodostua hyvä kierre. Seuraukset tulevat ketjussa: tuotantotehokkuuden lisääntyminen, kustannusten väheneminen, alemmat hinnat, lisääntynyt ostovoima ja kulutus, jotka puolestaan lisäävät yhä enemmän talouskasvua aloittaen siten uuden kehän. Toinen esimerkki voisi olla talletettuun pääomaan lisätty korko, koronkorko. Koron kasvattaessa talletettua pääomaa saadaan yhä enemmän korkoa, joka pääomaan lisättynä kasvattaa jälleen korkotuottoja, ja niin edelleen.

Hyperinflaatio on tyypillinen lopputulema huonosta kierteestä, jossa inflaatio kehittyy yhä suuremmaksi inflaatioksi. Tämä kehä alkaa tavallisesti kansainvälisen hintatason nopealla kohoamisella tai valtion velkojen kasaantumisen huipentumisella, joka johtuu pääosin tarpeettomista kustannuksista. Hallitus voi yrittää pienentää velkavastuitaan painamalla lisää rahaa, mutta lisääntynyt rahamäärä voi edelleen kiihdyttää inflaatiota. Kun ihmiset ounastelevat rahan arvon olevan alenemassa, he alkavat yleensä kuluttaa sitä nopeammin. Koska rahalla on edelleen jonkin verran ostovoimaa, ihmiset muuttavat säästöjään materiaalihankinnoiksi. Usein nämä hankinnat tehdään luotolla, mikä romahduttaa rahan arvon. Kun säästöt maassa vähenevät, hallituksella on vaikeuksia maksaa pois velkavastuitaan, ja jäljelle jää vain lisärahan painamisen vaihtoehto. Tästä alkaa uusi huono kehä. Intian talouspolitiikka on erilainen kuin länsimaissa, se eroaa etenkin USA:sta ja joistakin Euroopan maista. Intian keskuspankki Reserve Bank of India (RBI) tallettaa painamastaan rahasta tietyn prosenttiosuuden talletusholveihin kultana minimoiden täten inflaation mahdollisuuden.

Me ihmiset olemme epäonnistuneet saatavilla olevien aineellisten ja aineettomien resurssien järkevässä käytössä. Tästä seuraa vääjäämättä epätasapainotila ellemme ryhdy radikaaleihin toimenpiteisiin tilanteen parantamiseksi. Yhä syvenevä kuilu rikkaiden ja köyhien maiden välillä johtaa epäreiluun ja epätasaiseen resurssien jakautumiseen, joka luo automaattisesti onnettomuutta, tyytymättömyyttä ja konflikteja.

On aika alkaa soveltaa uusia periaatteita, jotka eivät ehkä vaikuta älyllisesti vakuuttavilta, mutta jotka ovat aivan välttämättömiä tässä tilanteessa, jossa ihmiskunta nyt on. On siirryttävä laskelmoivasta sydämestä tuntevaan sydämeen. On aika luoda jonkinasteinen tasapaino kahdenlaisten päätösten välille: niiden, jotka on tehty käyttäen älyä, puhdasta järkeilyä ja loogista analyysia, sekä toisaalta niiden, jotka on tehty käyttäen sydäntä, omaatuntoa ja korkeampaa voimaa. Näin ulkoinen ja sisäinen maailmamme voivat kulkea käsi kädessä.

Omantuntomme kuiskaus on pehmeä, hienovarainen ja subjektiivinen, joten meidän on otettava käyttöön syvän kuuntelemisen taito. Yrittäkäämme ottaa tavaksemme pitää keskustelutuokioita omantuntomme kanssa. Vihjaako tai sanooko omatuntosi joskus sinulle: "Ei, älä jatka eteenpäin". Olemme lyöneet täysin laimin omantuntomme kuuntelun hyödyntäessämme luonnonvaroja.

Olen varma siitä, että suurin osa lukijoista on kanssani samaa mieltä siitä, että planeettamme tarvitsee kipeästi rakastavaa tukeamme ja myötätuntoista lähestymistapaamme. Tilanne on niin vakava, että tämän kutsun voivat kokea muutkin kuin hienovaraiset ja herkät mielet. Ihmiset kaikkialla maailmassa, eläin- ja kasvikunta, joet, koko luonto ja ilmakehä osoittavat merkkejä ennennäkemättömästä tragediasta. Tylysti ilmaistuna kyseessä on "toimi tai kuole"-tilanne. Meillä on vain kaksi vaihtoehtoa. Joko teemme välittömästi tarvittavat sisäiset ja ulkoiset korjaukset tai pitäydymme vanhoihin kaavoihimme ja annamme luonnon tehdä tehtävänsä omalla tavallaan.

Mieleeni muistuvat professori Stephen Hawkingin, maailman kuuluisimman astrofyysikon sanat. Hän sanoi "Big Think Idea Hunters"-sarjan haastattelussa: "Näen ihmiskunnan olevan suuressa vaarassa. Muutaman kerran historiassa sen selviytyminen on ollut hiuskarvan varassa. Kuuban ohjuskriisi vuonna 1963 oli yksi sellainen tilanne. Sellaisia tilanteita tulee todennäköisesti esiintymään tulevaisuudessa yhä useammin. Tulemme tarvitsemaan suurta varovaisuutta ja harkintakykyä voidaksemme päätyä menestykselliseen neuvotteluratkaisuun kaikissa niissä. Mutta olen optimisti. Jos kykenemme välttämään katastrofin seuraavan kahdensadan vuoden aikana, lajimme lienee jo turvassa levitessämme muualle avaruuteen."

"Jos olemme ainoat älykkäät olennot galaksissamme, meidän pitäisi varmistaa, että selviämme ja olemassaolomme jatkuu. Mutta olemme saapumassa yhä vaarallisemmille vesille historiassamme. Väestömäärä ja planeettamme rajallisten resurssien käyttö ovat räjähdysmäisessä kasvussa samalla kun meillä on tekniset mahdollisuudet muuttaa ympäristöämme hyvään tai huonoon suuntaan. Mutta geneettinen koodimme kantaa yhä mukanaan itsekkäitä ja aggressiivisia vaistoja, jotka edistivät selviytymismahdollisuuksiamme menneisyydessä. On tarpeeksi vaikeaa välttää katastrofi jo seuraavan sadan vuoden aikana, saati sitten tuhannen tai miljoonan vuoden aikana. Ainoa mahdollisuutemme selviämiseen pitkällä tähtäimellä on levittäytyä avaruuteen sen sijasta, että jäisimme passiivisina odottamaan mitä tapahtuu maapallolle. Olemme saavuttaneet huomattavaa edistystä viimeisen sadan vuoden aikana, mutta jos haluamme jatkaa seuraavan sadan vuoden jälkeenkin, tulevaisuutemme on avaruudessa. Siksi kannatan miehitettyjä - vai pitäisikö sanoa 'henkilöitettyjä' - avaruuslentoja."

Vaikka professori Hawking huomioikin: "levittäytyminen avaruuteen on ainoa mahdollisuutemme selviytyä", käytännössä tämä ei ehkä ole mahdollista. Mutta jos ihminen niin tahtoo, voimme maailmankaikkeutta hallitsevien lakien avulla yhä muuttaa tämän planeetan runsaaksi ja kauniiksi paikaksi tuleville sukupolville. Tämä muutos vaatii muodonmuutosta, jossa on kysymys vain ja ainoastaan rakkauden kokemisesta, ilmaisemisesta ja harjoittamisesta – tunteen, joka on kaikista tunteista hellyttävin niin ihmisten kuin kaikkien muidenkin elävien olentojen keskuudessa. Tai vaihtoehtoisesti voimme sulkea silmämme kaikilta maailman tapahtumilta, keskittyä omaan välittömään tyydytykseemme ja sanoa: "En tahdo vaivata itseäni maailmalla ja tulevilla sukupolvilla." Ennen tuon asenteen omaksumista on kuitenkin hyvä miettiä millaisessa tilassa maailma olisi, jos jokainen ajattelisi tähän tapaan.

Itse asiassa rakkaus on yhteyskanava. Yhteyskanavana se yhdistää ihmiset maailmankaikkeuden kanssa ja äidin lapsensa kanssa (riippumatta siitä, onko kyseessä ihmislapsi, eläimen pentu vai linnun poikanen). Se on linkki, joka yhdistää meidät kaikki toistemme kanssa, mutta tätä luontaista rakkautta täytyy ravita. Ehkäpä rakkaus ei ole se avaruus, johon Hawking viittaa. Mutta todellisuudessa rakkaus on aina ollut ihmisen "avaruus", ihmiskunnan todellinen tutkimaton asuinsija. Rakkaus jatkuu olemassaolomme todellisena "avaruutena" myös nykyhetkessä ja tulevaisuudessa, ellemme valitse lähteä pois siitä pyhästä tilasta. Amman peilimallin ydinsanoma on: "Synny rakkaudessa, elä rakkaudessa, kuole rakkaudessa."

Yksi sana riittää kuvaamaan Amman myötätuntoista luonnetta: *antaminen*. Tähän yhteen sanaan voidaan tiivistää kaikki hänen aloittamansa valtavat humanitaariset toiminnot ja hänen panostuksensa koulutuksen, terveydenhuollon, tutkimuksen, naisten oikeuksien, talojen rakentamisen kodittomille, ympäristönsuojelun, ilmaisen ruoka-avun jne. aloilla. Intian entinen presidentti, tohtori A.P.J. Abdul Kalam sanoi Ammasta tässä yhteydessä: "Tahdon jakaa kanssanne sen, mitä olen oppinut Ammalta: antamisen. Jatkakaa antamista. Kyse ei ole vain rahasta. Voit jakaa tietoa. Jokainen meistä, rikas ja köyhä, voi antaa. Se, miten Amma antaa kaikille maailman ihmisille, on kaikkein suurin sanoma."

Amma on visionääri, mutta sellainen, joka on myös selvästi osoittanut pystyvänsä jakamaan. Kuten New Yorkin pormestari Michael Bloomberg sanoi: "Olet tarjonnut tsunamiapua, rakentanut köyhille koteja, antanut leskille ja sorretuille naisille varoja sekä lohduttanut niitä, jotka sitä eniten tarvitsevat – Amma olet parantanut niin monen kiitollisen ihmisen elämää ympäri maailmaa."

Krishnan sanoin Bhagavad Gitassa: *yogah karmasu kausalam*, "jooga on taitavuutta toiminnassa". Amma ajattelee, tekee päätöksiä ja toimii hämmästyttävällä nopeudella. Jokaisessa projektissa Amma tekee pyyteettömästi aloitteen ja keskittyy velvollisuuksiinsa kantamatta huolta tuloksista.

Tässä on joitakin hänen projekteistaan (vuonna 2012):

HUMANITAARINEN APU

Katastrofiapu

- LPG Tanker & Fireworks -tehtaan räjähdys Etelä-Intiassa (2012): apua kuolleiden ja loukkaantuneiden perheille.
- Japanin maanjäristys ja tsunami (2011): miljoona USA:n dollaria (USD) kohdennettuna katastrofissa orpoutuneille lapsille.
- Haitin maanjäristys (2010): Lääkintätarvikkeita, huopia, stipendejä opiskelijoille.
- Karnatakan ja Andra Pradeshin tulvat (2009): 10,7 miljoonan USD:n apupaketti, joka sisälsi lääkehuoltoa, ruokaa, tarvikkeita ja tuhat uutta taloa tulvien alta siirtymään joutuneille.
- Aila-pyörremyrsky Länsi-Bengalissa (2009): Lääkehuoltoa, ruokaa ja tarvikkeita.
- Tulvat Biharissa (2008), Gujaratissa (2006) ja Mumbaissa (2005): Yli 1,5 miljoonaa dollaria lääkehuoltoon, ruokaan, tarvikkeisiin ja suojaan.
- Kashmirin maanjäristys (2005): Ruokaa ja tarvikkeita.
- Katrina-hurrikaani USA:ssa (2005): miljoona dollaria Bush-Clinton Katrina-säätiölle.
- Tsunami Intiassa ja Sri Lankassa (2004): 46 miljoonan dollarin arvosta apua (rakennettu 6200 tsunaminkestävää taloa, 700 uutta kalastusalusta ja evakuointisilta, ammattikoulutusta 2500 uhrille.)
- Gujaratin maanjäristys (2001): rakennettu 1200 maanjäristyksenkestävää taloa.

Muita avustusprojekteja

- 45 000 talon rakentaminen köyhille kautta Intian.
- 41 000 stipendiä kurjuudessa elävien maanviljelijöiden lapsille, tavoitteena 100 000.

- 100 000 naisen voimaannuttaminen tarjoamalla alkupääomaa, ammatillista koulutusta ja oikeutta mikrolainaan.
- Luomuviljelyaloite, joka tukee 10 000 köyhää heidän viljellessään luonnonmukaisesti vihanneksia omalla maallaan.
- Orpokodit 500 lapselle Keralassa ja 50 lapselle Nairobissa.
- Ruoanjakelu yli 10 miljoonalle ihmiselle Intiassa ja 100 000 ihmiselle ulkomailla, mukaan lukien 75 000:lle USA:ssa soppakeittiöiden välityksellä.
- Eläkkeet 59 000 rahattomalle naiselle ja liikunta- tai kehitysvammaiselle, tavoitteena 100 000.
- Neljä hoitokotia vanhuksille Intiassa.
- Turvallista majoitusta tarjoava asuntola naisille.
- Vankien hyvinvointiprojekti USA:ssa, joka tarjoaa lohdutusta vangeille.

Henkisiä, kulttuurisia

- Amritapurin ashram Keralassa, Intiassa, on päämaja Amman palvelutyölle, jota jatkavat sadat sivukeskukset ja palveluryhmät kautta maailman.
- IAM®-tekniikka (Intergrated Amrita Meditation®-tekniikka), jota opetetaan kaikkialla maailmassa.
- AYUDH auttaa yhteisöavun jalkauttamisprojektien muodossa nuorisoa toteuttamaan ohjetta: "Ole se muutos, jonka haluat nähdä maailmassa".
- Green Friends ("Vihreät Ystävät") harjoittaa luonnonsuojelua, ja on järjestänyt tilaisuuksia ja innostanut miljoonan puun istuttamiseen alkaen vuodesta 2001.

Terveydenhuolto

Amrita sairaala, AIMS (Amrita Institute of Medical Sciences)

- Voittoa tavoittelematon 1300-paikkainen sairaala (210-paikkainen teho-osasto) tarjoaa ilmaista hoitoa köyhille.

- 12 erityisalojen instituuttia, 51 liitännäistä lääketieteellistä osastoa, 24 leikkaussalia.
- Yli 2,6 miljoonaa potilasta on saanut täysin ilmaista hoitoa vuodesta 1998 lähtien.

AIMS:n Yhteisöpalvelut

- Telelääketiedettä sairaaloille ja yli 40 etäkeskukselle Intiassa ja osissa Afrikkaa.
- Ilmaisia terveystarkastuksia syrjäseuduilla ehkäisevän terveydenhuollon edistämiseen.
- Satojen heimokyläläisten kouluttaminen terveystyöntekijöiksi.
- Viisi ilmaista terveydenhuoltoa tarjoavaa sivusairaalaa (kolme Keralassa, yksi Karnatakassa ja yksi Andaman-saarella).
- AIDS-hoitokoti Trivandrumissa ja saattokoti syöpäsairaille Mumbaissa.
- Ilmaista oireita lievittävää kotihoitoa saattohoitopotilaille.
- Yli sata ilmaista lääkintäleiriä vuosittain joka puolella Intiaa.
- Ayurvedista lääketiedettä Ayurveda-koulun 160-paikkaisessa sairaalassa.
- Kotisairaanhoitajaksi valmistavan koulutuksen tarjoaminen 100 000 naiselle yli 6000 oma-apuryhmässä.

Koulutus

Amrita Vishwa Vidyapeetham (Amrita yliopisto)

- Viisi korkeakoulualuetta, joissa on tekniikan, lääketieteen, sairaanhoidon, hammaslääketieteen, farmasian, taloustieteen, tiedotusopin, ayurvedan, kasvatustieteen, biotekniikan ja yleisten tieteiden tiedekunnat.
- Amrita tutkimuslaboratoriot ja muut tutkimusosastot kehittävät jatkuvasti innovaatioita kommunikaation,

e-oppimisen, koulutusteknologioiden, ATK:n ja bioteknologian aloilla.

- 30 maailmanlaajuisesti johtavaa yliopistoa, kuten Stanford, MIT, NYU Yhdysvalloissa, EPFL Sveitsissä, VU Amsterdamissa, TU Münchenissä, Tre Roomassa, ETH Zürichissä sekä Tokion Yliopisto Japanissa ovat Amrita yliopiston kanssa yhteistyössä edistääkseen korkeakoulutusta ja tutkimusta Intiassa.
- Kansojen koulutusinstituutti tarjoaa työharjoittelua ja yhdyskuntakehittämistä.
- YK:n suosittelema lukutaidon harjoitusohjelma heimoyhteisöille.

Ensimmäisen ja toiseen asteen koulutus

- 47 koulua joka puolella Intiaa arvopohjaisella, kokonaisvaltaisella lähestymistavalla oppimiseen.
- Koulu kuulovammaisille lapsille Keralassa.

Amman tavoitteena on luoda hyvä kierre ja ehkäistä mahdollisuus joutua pahaan syöksykierteeseen, joka levittää negatiivisuuden siemeniä kuin tarttuva tauti.

LUKU 5

Hyve, tyyneys ja armo

Kuten edellisessä luvussa esitettiin, ekonomisteilla on oma tapansa kuvata hyviä ja huonoja kierteitä. Amman johtajuus ja hallinto tuottavat epätavallisen rakkauteen pohjautuvan hyvän kierteen, joka tuottaa ja muokkaa kaiken aikaa hyväsydämisiä ihmisiä.

Kun yksi huono asia johtaa toiseen, kutsumme sitä huonoksi kierteeksi. Otetaan esimerkiksi pelko. Jos emme pääse pelon ylitse ollessamme sen otteessa, pelko johtaa lisääntyneeseen pelkoon, joka puolestaan aikanaan laukaisee lisää pelkoa. Joudumme tällä tavoin huonoon kierteeseen. Jokaisen pelkotapauksen yhteydessä tunne etenee syvemmälle ja syvemmälle mielessämme. Mitä enemmän annamme pelon hallita meitä, sitä syvempään pelko juurtuu, ja se kehittyy tavaksi, jolla on vaikutuksensa sanoihimme, energiaamme ja olemukseemme.

Sen sijaan hyvässä kierteessä, jollaisen Amma kehittää, ihmiset saavat valtavaa innoitusta hänen reiluudestaan, rakkaudestaan ihmiskuntaa kohtaan, voimastaan, kärsivällisyydestään kuunnella, pelottomuudestaan ja niin edelleen, koska johtaja tekee myös itse kuten opettaa. Kun tällainen voimallinen elävä esimerkki johtaa organisaatiota, tiimissä herää luonnollisella tavalla halu jäljitellä näitä positiivisia luonteenpiirteitä. Tästä yhteydestä ja sen luomasta kehästä tulee katalyytti, joka mahdollistaa sen, että organisaatio saavuttaa hämmästyttäviä tuloksia.

Mieleen tulee esimerkki Amman tasa-arvoisesta näkemyksestä ja huolehtivasta suhtautumistavasta. Kun järjestömme oli saanut päätökseen tsunamiavun ja korjaavat toimenpiteet, halusimme tallentaa kaiken tiedon yksityiskohtia myöten yhteen kirjaan. Kun kirjan näytekappale oli valmis, näytimme sen Ammalle ennen kirjapainoon lähettämistä. Kirja oli melko iso ja siinä oli valokuvia ja värikkäitä sanallisia kuvauksia. Amma selasi darshanin lomassa sivuja ja silmäili läpi kaikki valokuvat, jotka liittyivät tsunamisevan eri projekteihin. Mukana oli kuvia Ammasta työskentelemässä vapaaehtoisten kanssa erilaisissa sevatoimissa. Vapaaehtoisten joukossa oli vanhempia munkkeja, ashramin asukkaita, länsimaalaisia, nuoria ja vanhoja. Mukana oli jopa kuva ashramin Ram-norsusta kantamassa puuta talon-rakennustyössä. Käydessään läpi kuvakirjaa Amma huudahti yhtäkkiä: "Missä on Lakshmi?" Ensin en ymmärtänyt. Luulin Amman tarkoittavan Lakshmia, joka toimii Amman henkilökoh-taisena avustajana. Mutta Amma sanoi: "Ei, Lakshmi! Lakshmi! Lakshmi!". Hän selitti: "Se ei ole reilua. Ram on kuvissa, mutta ei Lakshmi. Lakshmikin teki tsunamityötä." Amma tarkoitti ashramin toista norsua, Lakshmia. Tämä on todellista tasapuo-lisuutta, joka ei koske vain ihmisiä vaan ulottuu myös eläimiin.

Amman näyttämällä epäitsekkyyden ja huolenpidon esi-merkillä on vetovoimaa. Se vetää puoleensa eteviä tieteilijöitä, lääkäreitä ja asiantuntijoita kaikkialta maailmasta ja integroi heidät osaksi yliopistoa tai terveydenhuoltoyksikköä samalla, kun Amma johtaa huolellisesti resursseja ja olosuhteita. Tällainen johtajuus luo hyvän kierteen.

Amman koko elämä on ollut, ja on yhä tänäänkin, täynnä koettelemuksia ja vaikeuksia. Aluksi niitä aiheuttivat hänen perheensä ja kyläläiset. He ovat nykyään hyväksyneet Amman täysin, mutta Amman oli kohdattava ja ylitettävä lukemattomia vastoinkäymisiä koulunsa lopettamisesta lähtien yhdeksänvuo-tiaasta aina 1980-luvun loppupuolelle saakka. Erityisesti Amman ollessa nuori tyttö perheenjäsenet olivat suuresti huolissaan hänen tulevaisuudestaan. Mutta hänen uskonsa ja sitoumuksensa elää myötätunnon ja huolehtivaisuuden täyttämä elämä pysyi horjumattoman vakaana.

Amma on rakentanut valtaisan hyvien kierteiden verkoston kaikilla elämän aloilla pienistä lapsista aikuisiin saakka. Siten Amma on aloittamassa "puhdistus- ja sitouttamisprosessia" jopa pienissä lapsissa luoden näin maailmanlaajuista ilmiötä, jossa lapset säästävät sukulaisilta saamaansa rahaa edistääkseen hyväntekeväisyystyötä.

Pari vuotta sitten Amman vieraillessa Sveitsissä noin 13-vuotias poika tuli hänen luokseen pieni kirjekuori kädessään. Ojentaessaan sen Ammalle hän sanoi: "Tämä on hyväntekeväisyystyöhösi."

Amma kysyi: "Mitä siinä on?"

"Kolmesataa euroa", poika vastasi.

"Mistä sait ne?" Amma kysyi.

"Osallistuin huilunsoittokilpailuun ja voitin ensimmäisen palkinnon. Nämä ovat palkintorahat. Teet niin paljon auttaaksesi köyhiä. Otathan tämän vastaan?" Pojan sanat olivat tahrattoman rakkauden ja viattomuuden täyttämät. Amma vaati, että poika pitäisi rahat itsellään omaa käyttöään varten.

Mutta tarina ei loppunut siihen.

Pojan pikkusiskolla oli paha mieli, koska hänellä ei ollut antaa mitään köyhille. Mutta muutaman viikon päästä hänellä oli syntymäpäivä. Amma oli tuolloin Münchenissä. Tytön isoisä antoi hänelle pienen summan rahaa syntymäpäivälahjaksi. Tavallisesti hän olisi ostanut saamallaan rahalla jäätelöä tai suklaata, mutta tällä kertaa saatuaan taskurahansa tyttö sanoi vanhemmilleen: "Minä syön aina jäätelöä. Mutta nyt tahdon antaa rahani Ammalle. Hän pitää huolta niin monista kaltaisistani lapsista, eikö niin?"

Tällä tavalla rakkaudellinen puhdistautuminen tapahtuu. Se tapahtuu yhdessäolon, ymmärryksen ja muita kohtaan tunnetun aidon välittämisen kautta. Pojalla ja tytöllä oli yhä mielihalu, nimittäin mielihalu palvella vähemmän onnekkaita lapsia.

Innoittava esimerkki voi todellakin avata yhteyden ja koskettaa jokaista sydäntä. Tällainen roolimalli ylittää kielten, maiden, uskontojen ja ikäryhmien rajat ja auttaa ihmisiä vähitellen kohti puhtaita päämääriä ja tarkoituksia. Tällä tavoin Amma auttaa ihmisiä avaamaan sydäntään.

Kuten kaikessa muussakin tavoitteellisessa toiminnassa, myös hyveen polulla vaaditaan horjumatonta luottamusta ja luonteenlujuutta. Polulla pysymisen voiman syvetessä asiat alkavat vähitellen muuttua. Henkilön työ, ajatukset ja olemassaolo tulevat luonnollisella tavalla hyväksytyiksi ja kunnioitetuiksi. Tätä polkua seuraava ihminen on samalla mysteeri, koska laskelmoivien mielten on vaikeaa ymmärtää hyveen voimaa, josta tulee sitä toteutettaessa elämäntapa. Kun astumme hyveen piiriin, sisäinen voimamme ja potentiaalimme alkavat kukoistaa. Hyve suojaa meitä yllättäviltä vastoinkäymisiltä, koska olemme nyt yhteydessä maailmankaikkeuden ikuiseen lakiin, ja tulemme yhdeksi sen virtauksen kanssa.

Hyveen kierre mahdollistaa myös sen, että meistä tulee tyynempiä, ulkoisista olosuhteista riippumatta. Iloitsemme juurta jaksain ulkoisesta menestyksestämme, mutta ulkoisen epäonnistumisen yhteydessä pysymme tyynenä sisäisen hyveemme kokemuksessa. Tämä sisäinen tyyneys on vain tiedostamiskysymys.

Hyveen kierteeseen astumisen suurin etu on siinä, että se ehkäisee täysin egon tarpeettoman sotkeutumisen asioihin. Tavanomainen uskomus kaikkialla maailmassa on, että mitään ei voida saavuttaa ilman egoa. Totuus on kuitenkin, että ego ei ole todellinen ystävä vaan pikemminkin vihollinen, kompastuskivi, joka estää meitä näkemästä, kuulemasta, havaitsemasta ja arvioimasta asioita oikein. Se on kuin suunnaton pilvi, joka sulkee sisäänsä koko mielemme laajan taivaan piilottaen siten todellisuuden. Kun egon puuttumiset asioihin minimoidaan, ottavat mielen selkeys, etevyytemme, tehokkuus ja pätevyys ison askeleen eteenpäin. Egon pitäminen kurissa mahdollistaa sen, että teemme päätöksiä nopeammin ja tarkemmin.

Mitä vähemmän sallimme egon puuttuvan asioihin, sitä enemmän saamme tukea ja suojausta universumilta. On kuin jokin tuntematon voima kantaisi meidät elämän asettamien erilaisten haasteiden yli. Tosiasiassa, universumia hallitseva armon laki tulee tässä vaiheessa aktivoiduksi jokapäiväisessä elämässämme.

Armon laki aloittaa sekä pysty- että vaakasuuntaisen kasvun. Meille kehittyy erityinen kyky muuttaa jokainen este siunaukseksi, jälleen uudeksi askelmaksi, jolta kohota voiton seuraavalle asteelle. Tämä asioiden toisinpäin kääntäminen ei kuitenkaan tarkoita sitä, että ongelmat katoavat ja olosuhteissa tapahtuu dramaattinen muutos. Ulkoisten olosuhteiden muutosta ei kannata odottaa, mutta sisäisessä maailmassamme tapahtuu ehdottoman varmasti muutos.

Armo on "tuntematon ilmiö", joka tulee meille käsittämättömästä paikasta. Saattaaksemme projektimme onnistuneesti loppuun tarvitsemme tätä armoa. Meillä saattaa esimerkiksi olla visio, mutta meiltä puuttuu vision toteuttamiseen tarvittava armo. John F. Kennedy esitteli visionsa ihmisen viemiseksi kuuhun ja tuomiseksi turvallisesti takaisin Maahan 25. toukokuuta 1961. Kennedy tiesi, että avaruustutkimuksessa vallitsi valtava kilpailu eri valtioiden välillä. Hän tahtoi USA:n olevan ensimmäinen valtio, joka lähettäisi ihmisen kuuhun. Hänen visionsa ei kuitenkaan toteutunut hänen presidenttikautensa aikana. Se tapahtui vasta vuonna 1969 Richard Nixonin ollessa presidenttinä.

John F. Kennedy saattoi olla näistä kahdesta presidentistä suositumpi. Kuitenkin jokin tekijä verhon takana - jokin näkymätön voima - päätti, että kunnia ihmisen lähettämisestä kuuhun ja tuomisesta sieltä takaisin tulisi mennä Richard Nixonille. Ihmiskunnan historiasta löytyy monia samanlaisia esimerkkejä. Niitä syntyy koko ajan, nyt ja tulevaisuudessa.

Maa vetää painovoimallaan kaikkea puoleensa ja saa esineet putoamaan. Me pidämme tätä universaalina lakina. Kukaan ei voi kiistää sitä tosiasiaa, että elämässä kaikella on kahtalainen luonne: onnellisuus ja suru, onnistuminen ja epäonnistuminen, saaminen ja menettäminen, kunnia ja häpeä, kesä ja talvi, sade ja auringonpaiste, ja niin edelleen. Samalla tavoin ulkoisen, kaiken alas vetävän painovoimalain tasapainottamiseksi tarvitaan sisäinen laki, joka auttaa meitä nousemaan ylös ja kohoamaan kaikkien olosuhteiden yläpuolelle. Se laki on armon laki. Amma selittää: "Niin kauan kuin egon paino vetää meidät alas, armon tuuli ei voi nostaa meitä ylös."

Siinä kuin huono kierre on yhteydessä alempiin tunteisiin, hyvä kierre on yhteydessä korkeampaan tietoisuudentasoon. Amma auttaa ihmisiä nostamaan tietoisuutensa alemmalta tasolta korkeammalle muodostaen heistä maailmanlaajuisen hyveellisten ihmisten kehän.

LUKU 6

Pieniä korjauksia, suuria muutoksia

Aristoteles on sanonut kauniisti: "Kuka tahansa voi suuttua. Se on helppoa, mutta oikealle ihmiselle suuttuminen oikeassa määrin, oikeaan aikaan, oikeaa tarkoitusta varten ja oikealla tavalla ei ole jokaisella hallussa, eikä se ole helppoa."

On ymmärrettävää, jos rahakeskeisessä ja tulossuuntautuneessa yhteiskunnassa, jonka tavaramerkkejä ovat voimakkaat mielihalut ja loputon haluaminen, ei oteta Aristoteleen sanoja vakavasti. Siitä huolimatta älykäs ja pohdiskeleva henkilö ei voi kiistää niihin sisältyvää filosofista syvyyttä ja fysiologista näkemystä. Sanoihin sisältyy suuren henkisen totuuden helmi. Jokainen, joka kykenee ymmärtämään noiden sanojen merkityksen toiminnan kautta, kokee upean muutoksen elämässään.

Sekä teoreettiset että käytännölliset johtamistavat ovat läpikäymässä muutosta monissa maissa ja kulttuureissa. Tämän muutoksen onkin jo korkea aika tapahtua, jotteivät fyysisesti, emotionaalisesti ja älyllisesti ylikuormitetut yhtiön jäsenet ajautuisi hermoromahdukseen. Monet liike-elämän ihmiset valittavat sitä, kuinka heidän elämästään on tullut mekaanista ja monotonista, kuinka spontaanius on mennyttä, ja kuinka ilo ja leikkisyys puuttuvat.

Aristoteleen sanojen ydin voidaan nähdäkseni kiteyttää kolmeen termiin: tiedostavuus, sivustaseuraaminen ja kuunteleminen. Sivustaseuraaminen ja kuunteleminen ovat suhteessa tiedostavuutemme asteeseen. Älkööt lukijat kuitenkaan luulko, että olen ehdottamassa heille ryhtymistä noiden ominaisuuksien äärimmäisiksi harjoittajiksi. Jopa kohtuullinenkin määrä harjoitusta voi tuottaa valtaisaa hyötyä.

Bhagavad Gita sisältää jakeen, jossa Krishna sanoo Arjunalle:

Svalpam Apyasya Dharmasya Trayate Mahato Bhayat...

Pieni määrä henkisten totuuksien harjoitusta voi auttaa sinua pääsemään suurimpien pelkojen yli.

Me yritämme omaksua suurta määrää tietoa itsemme auttamiseksi. Keräämme tätä tietoa verkkosivuilta, blogeista, online-sanomalehdistä, kirjoista, aikakauslehdistä ja muista lähteistä. Mitä hyötyä tästä kaikesta tiedosta on, jollei se anna meille lujaa alustaa, jolla voimme vakaasti kohdata elämän asettamat haasteet sisäisellä vahvuudella, ymmärryksellä ja syvyydellä?

Emme kerää pelkkää tietoa. Jotkut ihmiset keräävät kaikkea, mitä vain saavat käsiinsä. Heillä on syvään juurtunut hamstraamisen tapa. He saattavat kerätä vanhoja, hylättyjä moottoripyörän osia kaatopaikalta. Kahva, istuin, rikkinäinen pyörä, poljin, hyödytön ilmaisinvalo, ja jälleen kahva jonkin toisen valmistajan moottoripyörästä. He keräävät kaikkea tätä roskaa ja täyttävät sillä ainoan huoneensa. Jos joku kysyy heiltä: "Miksi keräät kaikkea tätä roskaa?" he vastaavat: "Jonakin päivänä kasaan näistä osista itselleni moottoripyörän." Sitä päivää ei milloinkaan tule, ja ihminen saattaa kuolla saamatta milloinkaan pilvilinnojaan valmiiksi.

Tarkoitan sanoa, että pelkkä tiedon kerääminen panematta sitä käytäntöön kasvattaa vain taakkaamme, kuihduttaa mentaaliset kykymme, ja hämärtää näkemystemme ja ajatustemme selkeyden.

Aristoteleen sanat valottavat esteetöntä polkua kohti menestystä, mainetta ja valtaa. Hänen neuvonsa on: "Ole vihainen oikealle ihmiselle, oikeassa mittakaavassa, oikeana ajankohtana, oikeaa tarkoitusta varten ja oikealla tavalla..." Eikö kaikkien päälliköiden, esimiesten ja toimitusjohtajien tulisi ponnistella kehittääkseen tällaista kyvykkyyttä?

Meidän tulee olla kuitenkin tietoisia siitä, että tämän neuvon noudattaminen vaatii sivustaseuraajan asennetta, kykyä irrottaa itsensä käsillä olevasta projektista ja katsoa sitä ulkopuolisen havaitsijan perspektiivistä. Opittuamme tämän korvaamattoman taidon havaitsemme ympäröivästä maailmasta monia tärkeitä ja näkymättömiä puolia. On kuin avaisimme piilossa olleen aarrearkun kannen, tai avaisimme paketin, jonka sisällä on arvokas lahja. Intialaisissa kirjoituksissa sivustaseuraajan asennetta kutsutaan *sakshi bhavaksi*. On melkein kuin nostaisimme tietoisesti itsemme astraalitasolle joksikin aikaa. *Sakshi bhava* nostaa tietoisuutesi tasolle, josta näet paremmin mitä teet ja mitä ympärilläsi tapahtuu.

Mitä kuuntelemiseen tulee, kyse ei ole vain toisten ihmisten kuulemisesta, vaan myös oman omantunnon kuuntelemisesta. Omatuntomme ei valehtele milloinkaan. Siksi sen kuuntelu auttaa poikkeuksetta meitä tekemään parempia päätöksiä.

Intialaisissa kirjoituksissa sanotaan: "Kuuntele, mietiskele ja harjoita." Ensimmäinen askel on ulkoinen kuunteleminen. Jos luet kirjaa tai kuuntelet luentoa, älä tee edes muistiinpanoja. Keskity vain kuuntelemaan ja kiinnitä huomiota jokaiseen sanaan. Toinen askel, mietiskeleminen, on sisäistä kuuntelua. Käytä järkeilykykyäsi tutkiaksesi syvällisesti sitä, mitä olet kuullut. Tämä harjoitus johtaa aitoon kokemukseen tutkimuskohteesta ja tutkimuskohteen todelliseen sisäistämiseen. Tämän polun vilpitön seuraaminen avaa kuudennen aistin, intuitiivisen mielen. Totuudenetsijä voi siirtyä vielä pidemmälle ja sulautua puhtaan autuuden tilaan.

Albert Einstein sanoi: "Intuitiivinen mieli on siunattu lahja; rationaalinen mieli on uskollinen palvelija. Me olemme luoneet yhteiskunnan, joka kunnioittaa palvelijaa ja on unohtanut lahjan." Koska tietoisuudentilamme on alhainen, pysymme samaistuneina aistihavaintojen maailmaan unohtaen kokonaan sisäisen maailman. Tästä syystä jos jotain menee pieleen ulkoisessa todellisuudessa, asiat menevät pieleen myös mielessämme. Kun osakemarkkinat romahtavat, me romahdamme. Kun yritys menee vararikkoon, on seurauksena sisäinen vararikko. Tämä vaikuttaa elämäämme ja koko ajatteluprosessiimme. Olemme liian lähellä, liian samaistuneita ongelmaan, emmekä kykene näkemään laajaa kuvaa. Menetämme selkeytemme ja arvostelukykymme.

Saadaksemme selkeän näkemyksen meidän on astuttava ongelman ulkopuolelle ja tarkasteltava sitä etäältä. Jos esimerkiksi pidät kämmeniäsi aivan silmiesi edessä ja yrität nähdä viivat kämmenissäsi, mikään niistä ei näy selvästi. Jos taas pidät kämmeniäsi puolen metrin päässä kasvoistasi, jokainen viiva erottuu selvästi. Samoin on asianlaita tilanteiden ja ihmisten kanssa. Aivan kuten säädämme kämmenemme etäisyyttä nähdäksemme kaikki siinä olevat viivat ja merkit, on tarpeen tehdä myös mielen säätöjä, jotka tuovat näkyviin asian kaikki yksityiskohdat ja tarjoavat syvemmän näkemyksen. Toisaalta, kun olemme liian samaistuneita ideoihimme ja strategioihimme, laajempi kuva katoaa näkyvistämme. Etäisyyden ottaminen auttaa meitä käsittelemään elämän tarjoamat erilaiset haasteet tehokkaasti ja älykkäästi.

Amma antaa esimerkin: "Kuvitellaan, että naapurisi lähisukulainen kuolee. Menemme lohduttamaan perhettä ja jopa siteeraamme kirjoituksia sanoen, että kuolema on väistämätöntä. Koska olemme tässä tilanteessa sivustaseuraajia, emme samaistu ongelmaan ja siksi pystymme pitämään etäisyyttä siihen. Mutta kun yksi omista perheenjäsenistämme kuolee, emme kykene harjoittamaan sitä mitä opetimme. Ongelma on liian lähellä;

tulemme yhdeksi sen kanssa. Kadotamme emotionaalisen kes-kiömme. Meidän on löydettävä keino pysyä tasapainoisena ja takertumattomana."

Emme voi muuttaa tilannetta tai toista ihmistä, hallita tulevaisuutta emmekä saavuttaa täyttä tyytyväisyyttä ja turvaa kaikelta ulkoiselta. Ainoa mahdollisuutemme on tulla taitavaksi hyödyntämään sisäistä maailmaamme, jotta kykenemme kohoa-maan tilanteen yläpuolelle ja näkemään sen korkeammalta tietoi-suuden tasolta. Tämä on Bhagavad Gitan opetusten ydin. Olen pohtinut mahtoiko Peter Drucker tarkoittaa juuri tätä sanoessaan: "Emme voi hallita muutosta. Voimme olla vain sen edellä."

Ajatellaanpa esimerkiksi intialaista lukiolaista, joka on päättänyt tulla lääkäriksi. Vanhempien odotukset asettavat paljon paineita. Lukion viimeisellä luokalla suoritettavat kokeet määrittävät lapsen koko tulevaisuuden. Arvosanoista riippuen hän jatkaa lääketieteellisessä, teknisessä, tai kauppatieteellisessä koulussa, tai kenties hän jatkaa jossakin muussa ammattiin val-mistavassa koulussa, johon ei sisälly yliopisto-opintoja. Jokainen on panostanut näissä kokeissa onnistumiseen niin paljon, että pettymykset ovat väistämättömiä. Opiskelija voi itse vaikuttaa siihen, miten hyvin hän valmistautuu kokeeseen, mutta lopputu-los ei ole hänen omissa käsissään. Jokainen päättökokeisiin tuleva opiskelija vanhempineen kaikkialla maassa on tuolloin valtavan paineen alla. Se on todellista kärsimystä.

Eikö olekin vain terveen järjen mukaista keskittyä pikem-minkin siihen, mihin voi vaikuttaa kuin siihen mihin ei voi vaikuttaa. Monet ovat niin huolissaan kokeen lopputuloksesta, että kärsivät pelon, ahdistuksen ja stressin aiheuttamista paineista. Kuitenkin toiminta on tässä hetkessä. Meidän pitäisi kiinnittää huomiomme täysin tähän hetkeen. Vain tämä hetki on hallin-nassamme. Tulevaisuuteen eivät voimamme yllä. Tämä on hyvin yksinkertainen totuus.

Kun vanhemmat auttavat lastaan ymmärtämään tämän, eikö se poistakin jännityksen raskaan taakan? Eikö se autakin sekä vanhempaa että lasta kanavoimaan enemmän energiaa käsillä olevaan tehtävään, jotta he voisivat opettaa ja opiskella hyvin? Jos he eivät takerru lopputulosta koskeviin ajatuksiin, vaan hyväksyvät ennustamattoman tulevaisuuden, asiat virtaavat itsestään. Kun toimit, unohda tulokset, jos voit. Se nostaa taakan hartioiltasi ja pitää sinut rentoutuneena ja keskittyneenä.

Riippumatta toimialastasi tai siitä, mitä yrität saavuttaa, sivustaseuraamisen harjoittaminen (takertumattomuuden taito) on hyödyllistä. Se parantaa yhtiösi tuottavuutta ja parantaa johtamistaitojasi. Rohkaise myös työntekijöitäsi harjoittamaan tätä tekniikkaa. G. K. Chesterton sanoi: "Enkelit lentävät, koska he ottavat itsensä kevyesti." Jotta keventyisit ja pääsisit kohoamaan uusiin korkeuksiin, vähennä egon painoa, tarpeettoman tarrautumisen taakkaa.

Ajatellaanpa mahdollista ristiriitatilannetta. Vuosia sitten opin Ammalta ympärillä olevan maailman "sivustaseuraamisen" arvon. Ymmärrän nyt, että olemme yleisössä havaitsemassa inhimillisen elämän uskomatonta ja monimutkaista näytelmää. Saatamme aika ajoin vaeltaa näyttämölle, mutta enimmäkseen osamme on istua tuolillamme ja katsella, mitä tapahtuu. Kun omaksumme tämän ilmakuvaperspektiivin, kykenemme näkemään kaikki tarkkailupisteet, ottamaan huomioon kaikki näkökulmat, ja ajattelemaan todella laaja-alaisesti.

Kuulin kerran Amman sanovan: "Sen, joka tahtoo pelastaa hukkuvan ihmisen, täytyy pitää turvallinen etäisyys hukkuvaan nostaessaan häntä ylös vedestä, ja vetää häntä hiuksista. Muuten hukkuva ihminen vetää pelastajansa mukanaan syvyyksiin, ja molemmat hukkuvat."

Kun emme takerru lopputulosta koskeviin ajatuksiin, määränpään saavuttamisen todennäköisyys kasvaa. Samalla tavoin tietynasteisen takertumattomuuden kehittäminen samalla, kun suoritamme tehtäviämme maailmassa, auttaa meitä pysymään valppaina ja tietoisina kaikissa olosuhteissa. Amman sanoin: "Kuivalle oksalle laskeutunut lintu voi visertää, syödä tai jopa nukkua, mutta se on valmiina lähtemään lentoon minä hetkenä hyvänsä. Pienimmänkin tuulenvireen myötä se puistelee siipiään valmiina lentoon, koska se tietää, että kuiva oksa voi napsahtaa ja katketa milloin tahansa."

Eräs sivustaseuraamista koskeva kertomus saattaisi olla tässä paikallaan. Ranskalainen elokuvaohjaaja Jan Kounen teki Ammasta dokumenttifilmin "Darshan – syleily". Filmi esiteltiin virallisesti Cannesin filmifestivaalilla 18. toukokuuta 2004. He toivoivat kovasti, että Amma olisi osallistunut tilaisuuteen. Amma ei kuitenkaan halunnut peruuttaa ennen tätä kutsua sovittuja tilaisuuksia, joten hän kieltäytyi kutsusta kohteliaasti ja pyysi minua edustamaan häntä. Niinpä menin sinne Amman lähettiläänä.

Jouduin olemaan siellä tekemisissä useiden viihdeteollisuuden parissa työskentelevien ihmisten kanssa. Seurustellessani uusien elokuvamaailman ystävieni kanssa ja osallistuessani moniin juhliin, joista kaksi oli loistojahdeilla ja loput viiden tähden hotelleissa, pidin yhä yllä sivustaseuraajan näkökulmani.

Palattuani ihmiset olivat uteliaita. Monet kysyivät: "Kerro miltä se oikeasti tuntui olla siellä ja kävellä punaisella matolla?" Tietenkin he ajattelivat, että siellä oli täytynyt olla minusta kummallista, koska olin *sanjaasi* (munkki). Mutta kerroin heille: "Olin vain lähetti. Olin siellä. Osallistuin. Se oli Amman, pomoni, minulle uskoma velvollisuus. Ja minun oli suoritettava se kaikella vilpittömyydellä ja rakkaudella. Siispä tein sen. Mutta koska olin täysin tietoinen 'lähettilään roolistani', saatoin pysyä sivustakatsojana koko siellä viettämäni ajan."

Kun sinua pyydetään näyttelijäksi johonkin näytelmään, sinun täytyy tehdä parhaasi kuitenkaan samaistumatta rooliin.

Minun oli pidettävä myös lyhyt, kolmen minuutin mittainen puhe Ammasta ja hänen hyväntekeväisyystyöstään. Puhetta kuunteli suuri yleisöjoukko, joka ei ollut kuullut aiemmin Ammasta. Eikä minulla ollut aavistustakaan siitä, oliko heillä henkisiä taipumuksia, ja jos oli, millaisia ne olivat.

Kyseessä oli luultavasti ensimmäinen kerta Cannesin elokuvajuhlien historiassa, kun paikalla oli hindumunkki edustamassa elokuvan "sankaritarta"! Paikalla oli ihmisiä kaikkialta maailmasta. Suurin osa heistä joko työskenteli elokuvateollisuuden parissa tai harrasti elokuvia. Osa oli tullut paikalle nähdäkseen elokuvatähtiä. Olin hankalassa asemassa. Ajattelin itsekseni: "Kuinka edustan Ammaa oikealla tavalla? Jumalan rakkaudesta, egosta luopumisesta ja sen sellaisista puhuminen ei tule kysymykseenkään. Miten saisin yleisön suhtautumaan hyvin ja miten loisin heihin yhteyden?"

Suurin pelkoni oli, että sinä hetkenä, kun yleisö näkee oranssiin pukeutuneen munkin edustamassa elokuvan "sankaritarta", heistä tulee arvostelevia ja he pysyvät sulkeutuneina koko elokuvan ajan. Varmasti niin voisi tapahtua, jos en olisi varovainen. Suljin silmäni joksikin aikaa mietiskellen. Yhtäkkiä minulle valkeni jotakin. Koulu- ja opiskeluaikoinani olin aina halunnut näyttelijäksi ja muusikoksi. Rehellisesti sanoen, ne olivat olleet silloin päämääriä elämässäni. Seisoin täyteen ahdetun salin etuosassa ja sanoin: "Rakkaat veljet ja sisaret, kaksikymmentäkuusi vuotta sitten, ennen ryhtymistäni munkiksi, elämäni päämäärä oli tulla näyttelijäksi. Mutta sitten tapahtui jotakin, joka toi minut opettajani Sri Mata Amritanandamayi Devin luokse – Amman, kuten hänet maailmalla tunnetaan."

Hetkenä, jolloin lausuin nuo sanat, syntyi yhteys. Yleisö nauroi ja taputti. Se antoi minulle itseluottamusta, ja jatkoin: "Minulle on suuri ilo seistä täällä teidän kaltaistenne luovien sielujen edessä ja edustaa Ammaa. Ystävät, taiteenne kautta teillä on mahdollisuus vaikuttaa suuresti ja muuttaa ihmisiä ympäri maailmaa. Myös Amma muuttaa ihmisiä yksinkertaisilla, mutta syvällisillä rakkauden ja myötätunnon teoillaan." Tässä tilanteessa en tarvinnut loogista ajattelua tai analyysia. Mietiskely, takertumattomuus ja lähettilään rooli olivat tekijöitä, jotka auttoivat minua.

Esitys meni hyvin. Sali oli täysi, ja luulen, että ihmiset pitivät elokuvasta. Näyttelijän ammatti oli suurin unelmani ennen kuin tapasin Amman. Siitä huolimatta en ollut sen enempää riemuissani yleisön antamasta suosiosta kuin harmissanikaan siitä, että en ole ammatiltani näyttelijä. Uskon, että se elämäntie, jonka lopulta valitsin tai joka minulle oli annettu, on korkeampi kuin mikään muu. Silti, pitkään elättelemäni voimakas haave oli tässä toteutunut lyhyeksi aikaa. Cannesin elokuvajuhliin osallistuminen on suuri kunnia, muistamisen arvoinen hetki jokaiselle, joka työskentelee elokuva-alalla. Se on eräs heidän unelmistaan. Jos minut nykyiselle tielleni saattanutta muutosta ei olisi tapahtunut, olisin ollut tavattoman innostunut ja pitänyt tätä eräänä suurimpana hetkenä elämässäni. Olisin jopa saattanut joutua tunteen sokaisemaksi. Kuitenkin jotain oli muuttunut sisälläni: sisäinen maailmani oli muuttunut. Nyt olin vain viestinviejä, jonka tarkoituksena oli toteuttaa eräs tehtävä.

Äärimmäiset tunnetilat vaarantavat onnistumisemme. Tästä syystä on tärkeää pitää mieli etäällä. Kyky astua sivuun ja katsella uusia kokemuksia etäältä auttoivat minua pysymään juhlien aikana tyynenä, hillittynä ja rentona sekä saamaan aikaan oikeanlaisen vasteen. Ennen kaikkea, vaikka olin sellaisten ihmisten maailmassa, joiden puheenaiheilla ei ollut mitään yhteyttä nykyiseen elämääni, saatoin silti suoriutua hyvin käyttämällä sisäistä potentiaaliani maksimaalisesti.

Ehkäpä kokemukseni oli tuonpuoleisen voiman suunnittelemaa, ja sen tarkoituksena oli poistaa minussa olleita syvään juurtuneita karmisia jäänteitä niin, että matkani tästä eteenpäin sujuisi pehmeämmin. Tärkeintä oli, että muutos havainnossani teki minulle helpommaksi nähdä koko asetelman positiivisessa valossa, mistä seurasi menestys.

Viestinviejän asenne antaa meille sisäisen kyvyn katsella asioita turvallisen etäisyyden päästä, mikä puolestaan mahdollistaa sen, että ymmärrämme tilanteen paremmin. Se parantaa tarkkuutta ja näkökykyä kohottaen siten suoritustasoamme. Tämän sisäisen kyvyn yltäessä suurempiin syvyyksiin saamme uutta voimaa alempien tuntojemme voittamiseen. Meistä tulee mielemme hallitsija ja tunteistamme tulee palvelijoitamme. Ulkoiset houkuttelevat olosuhteet eivät pysty vaikuttamaan meihin. Johtajana saavutamme lisää vireyttä, vakautta ja näkemyksen selkeyttä. Kykymme sopeutua ja mukautua kaikenlaisiin tilanteisiin ja kokemuksiin kasvaa valtavasti. Samalla tavoin, kun pysymme häiriintymättöminä vaikeissakin tilanteissa, ajattelumme ja päätöksenteko- ja toimeenpanokykymme paranevat. Tämä sivustaseuraajan asenne parantaa onnistumistamme automaattisesti.

Amman valtaisa kyky katsella ja arvottaa mitä tahansa tilannetta puolueettomasti ja takertumattomalla asenteella ansaitsee erityismaininnan. Suurin osa ihmisistä pitää kiinnittymättömyyttä epäterveenä. Tavanomaista elämää elävistä tuntuu siltä, että kiinnipitäminen tekee elämästä nautinnollista, vaikka se tuottaakin onnea vain harvoin. Sitä vastoin Amman kyky vaihtaa hetkessä roolia sekä se ja helppous, joilla hän siirtyy roolista toiseen, tekevät Amman persoonallisuudesta niin voimakkaan, houkuttelevan ja inspiroivan. Roolinvaihtamisprosessissaan Amma unohtaa täysin edellisen hetken ja siinä omaksumansa roolin, ja pysyy täysin keskittyneenä nyt käsillä olevaan. Mikään ei vaikuta hänen tyyneen ja levolliseen luonteeseensa hänen ollessaan vuorovaikutuksessa tiiminsä jäsenten kanssa ja antaessaan näille ohjeita. Missään olosuhteissa Amman ei voida havaita arvostelevan jotakin tilannetta tai henkilöä. Jopa nähdessäsi Amman tiukkana ei tuo tunnetila vaikuta hänen sisäiseen olemukseensa, vaan hän siirtyy pois siitä helposti ja taitavasti. Hän tekee päätöksensä nopeasti, ja niiden toteuttaminen on viimeistä piirtoa myöten huolellista.

LUKU 7

Neula ja sakset

Amanda Williams kirjoitti *Mail Onlinessa* ilmestyneessä artikkelissaan: " Tiedemiesten mukaan suureksi johtajaksi ei voi opiskella, vaan johtajaksi synnytään. Kytkökset johtajien aivoissa ovat vain erilaisia kuin muilla."

Artikkeli jatkaa: Johtavan sotilaskorkeakoulun tutkimuksessa tehtiin havainto, että tehokkaimmat ihmiset ovat kuin oma rotunsa, joiden aivot ovat verkottuneet eri tavalla kuin enemmistöllä. Tutkimus väittää näin ratkaisseensa kysymyksen siitä, muovaavatko geenit vaiko ympäristö suuruuksia. Löydös voi mullistaa tavat, joilla organisaatiot arvioivat ja kehittävät johtajia. Aivokuvauksia voidaan käyttää seulomaan joukosta 'johtajageenillä' varustetut, ja valmentamaan heitä sen mukaisesti. Näyttää siltä, että menestyvimmillä on enemmän harmaata ainetta päätöksentekoa ja muistia kontrolloivissa paikoissa, ja tämä antaa heille lisäpotkua oikeiden päätösten tekemiseen. Jotkut ihmiset ovat todellakin syntyneet johtajiksi. Nämä johtajuuden kellokäyrän oikeassa reunassa olevat ihmiset ovat erittäin hyviä jo aloittaessaan, ja edetessään he yleensä vielä parantavat otettaan. Toisaalta käyrän vasemmassa reunassa sijaitseva 10–15 % ihmisistä ei milloinkaan kehity kovin hyviksi johtajiksi, vaikka he kuinka yrittäisivät. Heillä ei vain ole tarvittavia sisäisiä viestiyhteyksiä. Sitten on vielä käyrän suuri keskiosa, jossa enemmistö meistä on, ja siellä piilee todellinen potentiaali 'tehdyille' johtajille. Suurin osa minua haastatelleista ei usko tätä todeksi, vaikka asia on näin: suurimmasta osasta ihmisistä, jotka aloittavat vähäisellä määrällä sisäistä johtajuuskykyä, voi itse asiassa tulla erittäin hyviä, jopa suuria johtajia."

Selitän tätä hieman. "Kellokäyrä" viittaa Gaussin jakaumaan, tai normaalijakaumaan. Tätä kellokäyrää kutsutaan myös Gaussin käyräksi. Käyrän keskiosassa x-akselin ja käyrän väliin jää enemmän pinta-alaa kuin käyrän reunoissa, minkä vuoksi kuvaaja muistuttaa muodoltaan soittokelloa. Ammattilaiskursseja sanotaan arvosteltavan "käyrän mukaisesti", mikä tarkoittaa, että kiitettävän arvosanan saa vain pieni prosentti oppilaista. He ovat käyrän oikeassa reunassa. Hyvän arvosanan saa vähän suurempi osuus oppilaista. Keskiosassa oleva suuri massa saa tyydyttävän arvosanan. Ikävä kyllä tietty prosenttiosuus joutuu kohtaamaan epäonnistumisen kovan kohtalon. He ovat käyrän vasemmassa reunassa hylätyllä arvosanalla. Kuvaajana tämä rakennelma on soittokellon näköinen.

Väiteltäessä synnynnäisten johtajien tehokkuudesta suhteessa tehtyjen johtajien tehokkuuteen olisi epäreilua unohtaa kolmas kategoria, joka tunnetaan nimellä jumalalliset johtajat. Tuhansien vuosien jälkeenkin miljoonat ihmiset joka puolella maailmaa muistavat, arvostavat ja palvovat tätä harvinaisten ja ilmiömäisten johtajien luokkaa. Tämän luokan johtajien etevyys on käsittämätöntä. Sellainen on heidän voimansa, vaikutuksensa ja ihmiskunnan sydämeen jättämänsä jälki. Voimme vain ihastella heidän innoittavaa ja muuntavaa läsnäoloaan, sanoinkuvaamatonta työtään, ehtoja asettamatonta rakkauttaan ja myötätuntoaan koko ihmiskuntaa ja muita elämänmuotoja kohtaan; heidän sanojensa voimaa ja olemuksensa vetovoimaa. Heidät muistetaan ja heitä vaalitaan sankareina ja sankarittarina sekä täydellisinä roolimalleina kaikilla elämänalueilla.

Näiden jumalallisten johtajien seuraajien ja ihailijoiden suuri määrä on vertaansa vailla. Kellään poliittisen puolueen johtajalla, julkkiksella tai ylipäätään tunnetulla henkilöllä menneisyydessä, nykyisyydessä tai tulevaisuudessa ei ole sellaista seuraajajoukkoa. Amma sanoo: "Äly tai logiikka on kuin sakset, ja sydän on kuin neula. Äly leikkaa kaiken paloiksi, ja sydän ompelee kaiken yhteen. Kankaan leikkaaminen oikean kokoisiksi paloiksi ei riitä. Meidän täytyy myös ommella palat yhteen vaatteeksi, jotta voimme pitää sitä yllämme. Tosiasiassa tarvitsemme sekä älyä että sydäntä. Älyä tarvitsemme ajattelemiseen ja sydäntä ajatusten liittämiseen toisiinsa yhteenkuuluvalla tavalla. Yhdessä ne antavat suojaa elämällemme. Muussa tapauksessa elämämme on palasina, hyödyllisinä mutta myös yhtä haitallisina."

Loogisina ja analyyttisinä meidän on vaikeaa ymmärtää Amman suuruusluokan johtajaa. Unohdamme sen totuuden, että elämä itsessään ei ole luonteeltaan looginen.

Näyttää siltä, että maailmamme on tuhatjalkaisen syndrooman otteessa. Seuraava lyhyt runo kuvaa kauniisti ihmiskunnan tilaa:

Tuhatjalkainen touhuissaan aina iloisena pysyi
Kunnes rupikonna kaiken hauskan keskellä kysyi
"Kerro, mikä jalka liikkuu minkä jälkeen!"
Kysymys sai tuhatjalkaisen niin hämilleen
Että vailla holttia putosi hän kuoppaan
Ei saanut järjestyksessä jalkojaan liikkumaan.

Runon tämän version tekijä on tuntematon. Eräässä toisessa versiossa, Aesopin eläinsadussa, rupikonna on korvattu kaniinilla. Englantilainen psykologi George Humphrey (1889 – 1996) sanoi runosta: "Tämä on mitä psykologisin runo. Sen riimeihin sisältyy syvä totuus, joka ilmenee joka päivä meidän kaikkien elämässä."

Keitä tahansa olemmekin ja mitä tahansa teemmekin, on ymmärtämättömyyttä antaa ainoastaan älyn ja logiikan ohjata elämää. Logiikalla on paikkansa, ja niin on myös mysteerillä.

Älyyn keskittynyt henkilö, jolla on vahva taipumus analysoida kaikki loogisesti, ei kykene auttamaan sellaiseen traagiseen tilanteeseen joutunutta kuin runon tuhatjalkainen oli. Runon tarkempi tutkiskelu paljastaa, että myös me ihmiset olemme samanlaisessa pulmatilanteessa. Ainoa ero on, että me emme tarvitse toista ihmistä kysymään kysymystä. Oma mielemme kysyy kysymykset ja vastaa niihin luoden monologinsa aivan itse! Ongelmanamme on se, että suurimman osan ajasta mieli ei tiedä oikeita kysymyksiä, jolloin vastaukset menevät vikaan ja suistavat meidät pois eteenpäin vievältä radaltamme.

On selvää, että tarvitsemme sääntöjä, jotta elämämme ja päivittäiset toimemme olisivat hallinnassa ja järjestyksessä. Meidän tulisi kuitenkin ymmärtää, että elämä itse ei ole matemaattinen eikä se ole täysin laskelmoitavissa. Mieli on jakautunut kahteen eri osastoon, mekaaniseen ja luonnolliseen. Toisin sanoen, toinen niistä toimii kuin kone ja toinen on spontaani. Siksi meidän on tunnustettava yhtä lailla tärkeiksi niin logiikka kuin elämän salaperäinenkin puoli. Muutoin elämämme saattaa näyttää olevan ulkoisesti hyvin järjestyksessä, mutta sisällämme vallitsee epätasapaino.

Kun teemme jotakin asiaa toistuvasti, siitä tulee luontevalla tavalla rutiinia ja toiminnon suoritus jää tiedostamattomaksi. Toiminto mekanisoituu. Tosiasiassa suurin osa ihmisistä haluaa tehdä asioita mekaanisesti, koska se vähentää ajattelun vaivaa jossakin määrin. Rutiinitehtävät kuten hampaiden harjaaminen, suihkussa käynti, syöminen, suurin osa puheestamme ja niin sanotusta kuuntelemisestamme tapahtuvat mekaanisesti. Ehkäpä mielen mekaanista osaa tarvitaan tiettyjen tehtävien suorittamiseen. Meidän ei tulisi kuitenkaan sallia mielen mekaanisen osan ottaa meitä valtaansa. Kuten Amma sanoo: "Modernissa nykymaailmassa yksilöille ei anneta heille kuuluvaa arvoa. Vain taitoja arvostetaan. Ihminen alennetaan statuksessa koneen tasolle."

Sitä vastoin mielen spontaani osa on puhdasta kristallinkirkasta energiaa. Se on lähempänä kokonaisuutta. Kun saamme yhteyden mielen siihen osaan, se toimii kuin "pelastaja" monissa elämän vaikeissa tilanteissa – ei vain yksityis- ja perhe-elämässämme, vaan myös työelämässämme.

Eräs tärkeimmistä piirteistä, joita hyvällä johtajalla tulisi olla niin perheessä kuin työpaikallakin, on kyky nähdä kaikissa tilanteissa, mitä pinnan alla on. Toisin sanoen meidän tulisi kehittää erityinen taito ja tehdä tarkoituksenmukaisissa tilanteissa tietoisesti siirtymä mekaanisesta mielen osasta spontaaniin mielen osaan. Ero mekaanisen ja spontaanin toiminnan välillä on samanlainen kuin kukan nupun väkisin avaamisen ja luonnollisen aukeamisen sallimisen välillä. Amma sanoo: "Kun yritämme väkisin avata kukan nuppua, se menettää kauneutensa ja tuoksunsa. Tuhoamme kukan. Toisaalta, jos annamme kukan kukkia luonnollisesti, sen kauneus ja tuoksu tulevat täydellisinä esiin."

Elämän avautuminen tapahtuu vain, jos yhdistämme loogisia ja mysteerisiä puolia samoissa mittasuhteissa. Ongelmana on, että olemme jääneet jumiin päähämme emmekä osaa palata sydämeemme. Olkaamme taitavia käyttämään sekä päätämme että sydäntämme. Pää ja sydän ovat kuin kaksi jalkaa. Pitäkäämme niitä samanarvoisina ja käyttäkäämme molempia nojaamatta liikaa vain toisen varaan. Rampaudumme jos ajattelemme: "Oikea jalka on tärkeämpi kuin vasen", tai toisin päin. Kun haluat käyttää logiikkaa, tee niin täysillä, ja kun haluat olla sydämessä, ole täysin siellä. Tämä on hetkestä hetkeen elämistä, tai elämistä tässä hetkessä.

Elämme maailmassa, jossa ihmiset eivät uskalla hymyillä muille tai sanoa edes rakastavaa sanaa, koska mieli laskee kaiken rahassa. Ajatellaan, että jos kuuntelen hänen ongelmiaan, hymyilen hänelle tai sanon sanasen lohduttaakseni häntä, hän päätyy pyytämään taloudellista tukea.

On ihmisiä, jotka auttavat toisia pyydettäessä, mutta suurin osa ihmisistä ei tarjoa apuaan pyytämättä. Todellinen johtaja antaa tarvitsevalle apua epäröimättä eikä kyseenalaista sellaisen suunnitelman logiikkaa. Sen sijaan hän tekee kaiken myötätuntoisen rakastavalla sydämellä.

Seuraava esimerkki osoittaa, kuinka Amma käyttää mieluummin sydäntään kuin logiikkaa. Oli vuosi 1989. Me olimme vaalineet ajatusta ensimmäisen temppelin rakentamisesta maa-alueellemme. Pitkäaikainen unelma oli toteutumassa.

Kollamin orpokodin hallintovirkailijat Keralassa olivat kamppailleet vuosia elättääkseen heidän huostaansa annetut lapset, mutta he olivat tulleet tilanteeseen, jossa heidän oli mahdotonta jatkaa. Kaikki heidän saamansa rahoitus oli ehtynyt, ja heillä oli edessään tilanne, jossa heidän täytyi lakkauttaa orpokoti ja lähettää orvot ja muut huono-osaiset lapset kadulle. Heidän jo valmistautuessaan siihen joku ehdotti, että ennen tätä epätoivoista tekoa he yrittäisivät vielä jotakin. Heitä kehotettiin tapaamaan Ammaa ja selittämään pulma hänelle.

Ja niin he tulivat Amman luo ja selittivät ikävän tilanteensa. Kuultuaan heidän ahdinkonsa Amma ohjeisti välittömästi, että varoilla, jotka oli lahjoitettu hänen henkisen keskuksensa ensimmäisen temppelin – ja itse asiassa ensimmäisen rakennuksen – rakentamiseen, aletaan huolehtia orpokodista. Näin tehdessään hän valoi perustukset toisenlaiselle temppelille – myötätunnon temppelille.

Amma olisi helposti voinut ajatella, että temppelin rakentaminen oli tärkeämpää kuin orpokodin hallinnointi, jonka mukana tuli myös valtava vastuu. Lisäksi suurin osa intialaisista on suuresti kiintynyt temppeleihin, ja he haluavat nähdä temppelin rakentamista varten lahjoittamansa varat käytettävän vain siihen tarkoitukseen. Jos Amma olisi tehnyt loogisen ja laskelmoivan päätöksen, hän olisi voinut katsoa temppelin olevan jo reilusti myöhässä ja lahjoitettujen rahojen olevan korvamerkittyjä temppeliä varten. Sen sijaan hän teki spontaanisti sydämellisen päätöksen, jolla varat siirrettiin temppelin rakentamisesta orpokodille.

Orpokoti on yhä pystyssä, mutta se on täysin toisenlainen verrattuna siihen, millainen se oli ennen kuin Amma otti vastuun rakennuksista, tontista ja lapsista. Amman vapaaehtoisten saapuessa lapset olivat tavattoman laiminlyötyjä ja aliravittuja, ja rakennukset olivat surkeassa tilassa johtuen edellisen hallinnon kurjasta taloudellisesta tilanteesta. Liikkeellä oli myös huhuja lasten väärinkäytöksistä kuten varkauksista sekä ulkopuolisten epä- sosiaalisten ainesten harjoittamasta lasten hyväksikäytöstä.

Nyt lapset sitä vastoin voivat opiskella ja leikkiä turvallisella kampuksella. Tämä laitos on nykyisin varsin kilpailukykyinen koulu sen oppilaiden loistaessa niin musiikissa, urheilussa, tanssissa kuin lukuaineissakin. Valtiollisissa ja paikallisissa kilpailuissa he voittavat usein ensimmäisen palkinnon. Amman järjestö varmistaa myös, siellä opiskellessaan lapset kehittävät vahvan sydämen sivistyksen. Lisäksi yli 35 % heistä jatkaa korkeamman koulutuksen pariin hallituksesta riippumattoman järjestömme sponsoroidessa heidän kustannuksensa kokonaan.

Booker T. Washington sanoi: "Menestys elämässä pohjautuu pikemminkin pienten kuin suurten asioiden huomioimiseen – jokapäiväisten ja lähimpänä olevien asioiden huomioimiseen kaukaisten ja harvinaisten asioiden sijaan."

Kuuluisasta englantilaisesta kirjailijasta ja runoilijasta (Joseph) Rudyard Kiplingistä kerrotaan kaunista tarinaa. Hän osti kerran maatalon mäkiseltä seudulta. Hän vetäytyi vaimonsa kanssa kiireisestä kaupunkielämästä lomailemaan sinne. Eräänä aamuna heidän lähdettyään kävelylle he tapasivat hyvin vanhan kumaraisen naisen, joka nilkutti kepin varassa. Nainen nautti onnellisena raikkaasta ilmasta ja aamuauringon paisteesta. Kun hän näki Kiplingin vaimoineen, hän kysyi heiltä: "Oletteko te se pariskunta, joka osti talon mäenharjalta?"

Kipling otti kohteliaasti hatun pois päästään ja sanoi: "Kyllä, rouva."

"Oletteko nyt siellä käymässä?" vanha nainen kysyi vapisevalla äänellä.

Tällä kertaa rouva Kipling vastasi: "Kyllä, rouva."

"Sitten se on varmaankin teidän ikkunanne, joka on niin kirkkaasti valaistu iltaisin."

"Kyllä vain!"

"Kiitos! Oi kiitos!" huudahti vanhus. "Ette tiedä – ette voi kuvitellakaan – kuinka paljon nuo valaistut ikkunat lohduttavat minua. Näettehän, että olen vanha ja yksinäinen." Hän jatkoi: "Valaistut ikkunat saavat minut onnelliseksi ja iloiseksi."

"Hauska kuulla", sanoi herra Kipling lämpimästi. "Saatte meidät tuntemaan itsemme halutuiksi ja tervetulleiksi naapureiksi."

"Toivon, että olette täällä pitkän aikaa", sanoi nainen huolestuneesti. "Ja toivon, että tulette käymään täällä usein."

"Niin toivomme mekin", sanoi Kipling.

"Oi, hienoa!" sanoi nainen onnellisena. "Pitäkää valot palamassa – ne merkitsevät minulle paljon!"

"Me lupaamme".

Pari päivää myöhemmin, kun tämä kanssaihmisistä välittävä pari lähti pois tiluksiltaan, he ohjeistivat taloudenhoitajaa ottamaan verhot pois ikkunoista ja pitämään valot palamassa öisin, joka yö.

Amma sanoo: "Pienet rakkauden teot, ystävällinen sana, pieni myötätuntoinen ele, kaikki nämä saavat aikaan muutosta sekä sinussa että toisissa." Niinpä meidän tulisi aloittaa pienillä rakkauden ja ystävällisyyden teoilla.

Muinaisen Takashilan Yliopiston taloustieteen ja poliittisen tieteen professori sekä muinaisen intialaisen poliittisen tutkielman

"Arthasastra (Talous)" kirjoittaja Chanakya on sanonut: "Kukan tuoksu leviää vain tuulen suuntaan. Mutta ihmisen hyvyys leviää kaikkiin ilmansuuntiin."

LUKU 8

Kuin virtaava joki

Kun Ammalta kysytään, koostuuko hänen ympärillään aina oleva ihmisjoukko hänen seuraajistaan vai oppilaistaan, Amman vastaus on: "Täällä on vain äiti ja lapsia, ei gurua eikä oppilaita." Äidin ja lapsen suhde on ainoa molemminpuolisen rakkauden suhde. Se on kuin kehä. Se jatkaa virtaamistaan ja yhdistymistään.

Tämä henkilökohtainen side, jonka Amma luo ihmisten sydämiin, on eräs hänen menestyksensä salaisuuksista. Kaikista ihmissuhteista äidin ja lapsen välinen side on läheisin ja voimakkain. Rakkaus, vapaus, nöyryys ja ykseys, jota koemme äitimme läheisyydessä, luovat luonnollisimman kuviteltavissa olevan suhteen.

Amma vertaa usein itseään jokeen ja sen virtaukseen. Hän sanoo: "Olen kuin joki. Jotkut ihmiset kylpevät siinä. Jotkut toiset pesevät siinä vaatteensa. On ihmisiä, jotka palvovat jokea. On myös ihmisiä, jotka sylkevät jokeen. Mutta joki hyväksyy jokaisen, hylkäämättä ketään. Se jatkaa virtaamistaan."

Jos ilmaiset lapsenvahdille tai kotiapulaiselle arvonantosi tämän tekemistä töistä, hän ottaa sen vastaan kiitollisena. Sitä vastoin, jos ilmaiset arvonantosi äidillesi, ja jos äitisi todella arvostaa äitiyden suuruutta Jumalan antamana arvokkaana lahjana, hän sanoo: "En ole tehnyt tarpeeksi lapseni eteen. On yhä paljon asioita, joita voin tehdä pikkuiselleni." Äidin sydämessä on halu tehdä enemmän ja enemmän lapsensa puolesta. Jos hän sen sijaan kerskuu lapselle antamallaan rakkaudella ja huomiolla, ja jos hän esittää vaateita siltä pohjalta, mitä hän on saanut kestää kasvatusprosessin aikana, niin hänen asenteensa ei ylitä kotiapulaisen tai lastenvahdin asennetta, johon sisältyy odotuksia. Kotiapulaisen tai lastenvahdin huolenpidolla on hintansa, kun taas äidillä ei ole vaateita hänen ajatellessaan aina sitä, mitä hän vielä voisi tehdä lastensa puolesta.

Amma kertoo tarinaa pienestä tytöstä, joka pääsi pois sairaalasta. Kun isä tuli hakemaan häntä kotiin, tyttö kertoi isälleen: "Sairaanhoitajat ja jopa virkailijat olivat todella rakastavia minua kohtaan. Joskus minusta tuntui, että he rakastavat minua enemmän kuin sinä ja äiti." Juuri silloin eräs sairaalan työntekijöistä ojensi isälle laskun. Tyttö kysyi uteliaana: "Mikä tuo on?" Isä vastasi: "Se on lasku, jossa lukee heidän sinulle osoittamansa rakkauden hinta."

Om Saha Nau-Avatu
Saha Nau Bhunaktu
Saha Viiryam Karava-Avahai
Tejasvi Nau-Adhii-Tam-Astu
Maa Vidviss-Aavahai
Om Shaantih Shaantih Shaantihi.

Tämä on Upanishadeista peräisin oleva suosittu rauhan mantra. Se tarkoittaa:

Om, suojelkoon Jumala meitä molempia (sekä opettajaa
että oppilasta),
ravitkoon Jumala meitä molempia,
työskennelkäämme yhdessä energisesti ja ponnekkaasti,
olkoon opintomme valaisevia, herättämättä vihamieli-
syyttä välillämme.
Om, rauhaa, rauhaa, rauhaa.

Tämä mantra lausutaan yleensä ennen uskonnollisen puheen tai kirjoituksia koskevan oppitunnin aloittamista. Mantran ytimessä olevat ykseys ja nöyryys ovat aina olleet muinaisen Intian *guru-kula*-järjestelmän keskiössä. Vaikka järjestelmä ei enää olekaan vallitsevana, sitä yhä esiintyy joissakin osissa Intiaa paljon muokatussa muodossa.

Muinaisessa Intiassa suurin osa gurukuloista sijaitsi rauhallisissa ja syrjäisissä paikoissa, joissa oli runsaasti luonnon antimia. Monet tuon ajan opettajista ja mestareista olivat korkeammalla tietoisuuden tasolla ja kypsyydellä varustettuja kotonaan asuvia ihmisiä. Heidän viisautensa ja myötätuntonsa oli rajatonta. He olivat valtavan kokeneita ja asioista perillä olevia tieteen ja filosofian jokaisella alalla. Vaikka mestarit olivat vakiintuneet täydellisyyden ja tyytyväisyyden tilaan, heillä ei ollut egoa. Siksi sana "molempia" on tavattoman tärkeä yllä olevassa rukouksessa. Vaikka muinaisilla mestareilla ei ollut mitään saavutettavana tai menetettävänä, pysyivät he nöyrinä ja saivat oppilaat tuntemaan itsensä täysin rentoutuneiksi. Oppilaat tunsivat olevansa kuin kotonaan. Vallitsi ilmapiiri, joka oli heidän harjoittamansa filosofian mukainen: "Meidän välillämme ei ole eroa. En ole teitä korkeampi. Me olemme yhtä, samanarvoisia Jumalan silmissä."

Tämä yksinkertainen mutta syvällinen "nöyryyden ja ykseyden" opetus auttoi oppilaita kehittämään sidoksen mestariin. Tämä mahdollisti sen, että oppilaat pysyivät täysin avoimina mestaria kohtaan ja kuuntelivat hänen sanojaan vastaanottavin mielin ja sydämin. Opettajat opettivat ja oppilaat oppivat tällä tavoin ilman kannettavia tietokoneita, iPadeja, tablettitietokoneita, matkapuhelimia, ja jopa ilman oppikirjoja ja muistiinpanovihkoja, koska viestintä tapahtui opettajan sydämestä oppilaan sydämeen. Vaikuttavin opetusmenetelmä oli opettaminen omalla esimerkillä.

Opettaja ja oppilas työskentelivät yhdessä syvässä ykseyden tunteessa, nöyryyden ja rakkauden opastuksella, pää ja sydän yhteen liittyneinä.

On kolme arvokasta asiaa, joista pidän kiinni ja joita arvostan. Ensimmäinen niistä on lempeys, toinen anteliaisuus, kolmas on nöyryys, joka estää minua asettamasta itseäni muiden edelle. Ole lempeä ja voit olla voimakas; ole antelias ja voit olla suvaitsevainen; vältä asettamasta itseäsi muiden edelle ja sinusta voi tulla johtaja ihmisten keskuudessa.

— Lao Tse

Oletpa sitten perheenpää, organisaation päällikkö tai valtion johtaja, jos sinulla on huolehtiva asenne, nöyryyttä lähestymistavassasi ja taipumus uhrata henkilökohtainen etusi ja oma mukavuutesi (pannen siten toisten tarpeet todella omiesi edelle), on sinulla luonteenpiirteet, jotka tekevät sinusta vertaansa vailla olevan. Silloin sinut muistetaan ja sinua ihaillaan ja rakastetaan sellaisena henkilönä, jota ei todella kukaan voi korvata. Nimesi ja tekosi säilyvät aina opastavana valona ihmiskunnalle.

Muinaisen intialaisen perinteen mukaan kuninkaan oletettiin pitävän alamaisiaan omina perheenjäseninään ja maataan kotinaan. Mielen saasteiden ja yleisen epäpuhtaan ilmapiiriin vuoksi tämä muinainen käsitys ei ole enää käytännöllinen. Toimitusjohtajan tai päällikön tulisi silti pitää työntekijöitään laajennettuna perheenään, vaikkakaan ei kirjaimellisessa mielessä. Todellinen tarveaine on koskettaminen henkilökohtaisella tavalla, inhimillisyyden henki.

Amman USA:n kiertueella Washington DC:ssä vuonna 2013 toimittaja Laurie Singh kysyi Ammalta: "Olet tänään Yhdysvaltain kongressitalossa. Onko sinulla viestiä presidentti Obamalle ja hänen perheelleen?" Amman vastaus ei ollut pelkästään Barack Obamalle vaan kaikille maailmassa johtavassa asemassa oleville: "Presidentti kuuluu tämän maan kansalaisille ja koko maa on hänen perheensä. Palvelkoon hän tätä maata parhaansa mukaan; olkoon hänellä syvä ymmärrys ja kyky suorittaa velvollisuutensa tämän maan ihmisistä huolehtimiseksi. Olkoon hän ja hänen perheensä aina rauhallisia ja onnellisia."

Dave Packard, toinen Hewlett-Packard -yhtiön perustajista, loi käsitteen "johtaminen kävelemällä ympäriinsä", joka esiintyi Tom Peterin kirjassa *In Search of Excellence*. Packard selittää, miksi hän uskoo prosessiin, jossa johtaja kävelee ympäri toimistoa tai tehdasta ollen vuorovaikutuksessa alaistensa kanssa. Tämän tekniikan kautta johtaja pääsee kosketuksiin työntekijöiden kanssa, ja lisäksi työntekijät tuntevat, että heistä välitetään, jolloin syntyy yhteys johtoon päin.

Itse asiassa, kun Amma matkustaa Intiassa ja ulkomailla, hän ilahduttaa kaikkia kulkemalla keskustensa eri osastoilla. Hän vierailee keittiöissä, rakennustyömailla, kirjapainoissa, hyväntekeväisyyssairaaloissa, navetoissa ja niin edelleen. Keralan pääashramissa Amma tarjoilee joka tiistai lounaan kaikille asukkaille ja vierailijoille. Hän syö yhdessä kaikkien kanssa, laulaa ja tanssii heidän kanssaan, ja vastaa heidän kysymyksiinsä. Tosiasiassa tämä on erottamaton osa Amman kiertueohjelmia ja päivittäisiä aktiviteetteja. Tämä läheisyyden ja henkilökohtaisen huolenpidon ilmapiiri on valtavan tuen lähde hänen seuraajilleen. Sillä on maaginen vaikutus, joka nostaa ihmisten innostuneisuuden ja tietoisuuden tasoa. Lisäksi Amma tarjoilee ulkomaan kiertueidensa aikana illallisen kaikille osallistujille, ja he ovat innoissaan saadessaan lautasen suoraan Amman kädestä.

Ollessaan joko pääashramissa tai jossakin sivuashrameista Amma saattaa toisinaan yhtäkkiä ja yllättäen alkaa kävellä ympäriinsä ja tarkastaa jokaisen osaston varmistaen, että tilat pidetään puhtaina ja siisteinä. Nämä tarkastukset tapahtuvat tavallisesti yöllä, keskiyön jälkeen. Ajankohdasta riippumatta asukkaat kerääntyvät hänen ympärilleen ja liittyvät mukaan heti, kun Amma tulee ulos huoneestaan.

Erään noista "johtamista kävellen ympäriinsä"-sessioiden aikana Amma astui yllättäen naulan päälle rakennustyömaalla. Hän nosti naulan ylös ja piti sitä niin, että jokainen saattoi nähdä sen selvästi. Vakavalla äänellä Amma sanoi: "Katsokaa tätä. Ettekö tiedä, että moni täällä käyvistä tuhansista ihmisistä on köyhä työläinen, joka on täysin riippuvainen päiväpalkastaan? Entä jos joku sellainen työntekijä satuttaa jalkansa tähän naulaan? Tietämättömyydessään haavan vakavuudesta hän saattaa jopa jättää sen hoitamatta. Ollessaan ainoa rahaa ansaitseva perheenjäsen hänen jäämisensä kotiin lepäämään tarkoittaisi sitä, että hänen vaimonsa ja lapsensa näkisivät nälkää, joten hänen on pakko mennä töihin kivusta huolimatta. Tämä edelleen pahentaa haavan tilaa. Se saattaa jopa tulehtua, ja mies joutuu sänkyyn useiksi viikoiksi tai jopa kuukausiksi. Ilman ruokaa ja vailla mahdollisuutta edes perustarpeiden täyttämiseen hänen perheensä kärsii. Näin on mahdollista käydä, vai mitä? Oletteko milloinkaan ajatellut tätä? Jokainen meistä on vastuussa koko perheen hädästä, jos sellainen kohtalo osuisi jonkin vierailijan kohdalle. Huolimattomuutemme ja piittaamattomuutemme takia me osoittaudumme koko perheen kärsimyksen syyksi. Se on vain pieni naula, mutta se voi tehdä epäonnisen ihmisen elämän kurjaksi. Sanon vielä, että jos samanlainen asia tapahtuu uudestaan, otan tehtäväkseni itse lakaista koko alueen ja viedä pois kaikki roskat."

Toisinaan Amma etsii maasta tiilenpaloja sekä ylijäänyttä sementtiä sisältäviä säkkejä. Hän istahtaa välittömästi keräämään ne, ja kehottaa asukkaita hyödyntämään niitä materiaalina pieniin asioihin kuten pikku levyihin, sementtipaloihin ja maan täyttöön ja tasoitukseen.

Kun Amma vierailee keittiössä ja alueilla, joissa pilkotaan vihanneksia, hän menee ensimmäiseksi valtavien jäteastioiden luokse. Hän tutkii tarkoin, mitä niissä on, ja joskus jopa työntää kätensä sisälle jäteastiaan. Tarkoituksena on varmistaa, että ruokaa ei heitetä hukkaan. Jos hän löytää vihannesten kuoria, joissa on liian paljon syötävää ainesta, hän kutsuu heti vihannesten pilkkojat paikalle. Hän näyttää, mitä on löytänyt roskista, ja selittää, kuinka tuhlaamalla viemme tai jopa varastamme ruokaa, joka oikeutetusti kuuluu nälkää näkevälle perheelle. Sitten hän näyttää, kuinka vihannekset pilkotaan oikein.

Joillakin ihmisillä on tapana ottaa kasvista lehti, poimia kukka tai katkaista puusta oksa kävellessään tai seisoskellessaan juttelemassa jonkun kanssa. Aina kun Amma näkee yöllisten kierrostensa aikana jonkun tekevän niin, hän moittii tätä välittömästi sanoen: "Et ymmärrä. Ne nukkuvat. On julmaa herättää niitä. Kuvittele, millaista on, jos joku ravistaa sinua raivokkaasti kun olet syvässä unessa. Etkö saisi sätkyä? Niin on myös kasvien ja puiden kanssa. Vaikka se ei olekaan tarkoituksesi, loukkaat kasvia poimimalla siitä lehden ilman syytä." Sitten Amma vaatii tätä pyytämään kasvilta anteeksi.

Johtajana Ammalla on täydellinen ymmärrys siitä, kuinka käyttää auktoriteettia loukkaamatta muita. Hän tietää, milloin ja miten olla suurenmoinen elämänvalmentaja, ja hän osaa ajoittaa täsmällisesti kuunteluajankohdat, päätösajankohdat ja hiljaisen kohtelun ajankohdat. Mutta soveltaessaan johtamistaitojaan Amma ei milloinkaan tuomitse ketään tai mitään tilannetta. Siten mikään ei vaikuta hänen miellyttävään ja iloiseen mielialaansa. Hän käyttää tunteita ilmaistakseen olevansa pahoillaan jostakin, ja joskus hän puhuu käyttäen vahvoja ilmaisuja, mutta nämä ovat vain naamioita, joita hän kykenee pukemaan päälleen ja heittämään pois minä hetkenä hyvänsä. Hänen luonteensa on pohjimmiltaan myötätuntoa ja rakkautta. Hänen tarkoitusperänsä puhtaus pysyy siten koskemattomana. Johtamisessa ei ole kysymys ylpeän oloisesta kävelemisestä ympäriinsä, itsetietoisesta mahtailusta, määräysten antamisesta ja vallan käyttämisestä.

Siinä on kysymys nöyryyden oppimisesta. Nöyryys on ensimmäinen askel kohti hyvää johtajuutta.

Amman esimerkin inspiroimana olemme saavuttaneet jätteettömyyden tavoitteemme MAM:n päämajassamme. "Vähennä, käytä uudelleen ja kierrätä" on Amman motto.

Vuonna 2011 Amma aloitti ohjelman nimeltä Amala Bharatam, Puhdas Intia. Tavoitteena oli levittää tietoisuutta ympäristön siisteydestä ja luonnon suojelusta valtaväestön keskuuteen. Ohjelma alkoi suurella pamauksella, ja vapaaehtoiset ovat onnistuneesti toteuttaneet sitä alusta saakka. Seuraavassa kuvattu siivoustapahtuma on klassinen esimerkki johtamisesta "kävellen ympäriinsä". Amma auttoi koko illan antamalla ihmisten nähdä hänet itsensä mukana työssä ja osana tiimiä.

Amma piti vuosittaisen Pohjois-Intian kiertueensa yhteydessä kaksipäiväisen ohjelman Kalkutassa, 19.–20.1.2013. Molempina päivinä Amma istui yli kaksitoista tuntia halaten ihmisiä. Toisen päivän iltana kello 18 hän ilmoitti halausten lomassa, että keskukseen johtavan tien vierus oli siivottava. Amala Bharatam alkoi tällä tavoin Kalkutassa. Hän lähetti vapaaehtoiset tarkastamaan puhdistettavan alueen ja hankkimaan tarvittavat välineet operaatiota varten.

Kun darshan loppui klo 23, Amma nousi lavalta ja käveli pitkän ajotien Budge BudgeTrunk Roadille saakka, vilkasliikenteiselle väylälle, joka kulkee keskuksen editse. Amma käytti seuraavat kolme tuntia yli kahdeksansadan vapaaehtoisen kanssa kolmen kilometrin mittaisen taipaleen puhdistamiseen väylältä. Amma itse sonnustautui hansikkaisiin ja hengityssuojaan ja sukelsi törkyyn, jota tien vierustoille oli kertynyt vuosien saatossa. Auttajat levittäytyivät keräämään kaikenmuotoisia, -kokoisia ja -hajuisia roskia, ja pussittivat ne keräämistä varten. Haravoituaan, lapioituaan ja kaavittuaan roskia jalkakäytävältä kolmen tunnin ajan Amma käveli läpi koko kolmen kilometrin matkan, jolle vapaaehtoiset olivat levittäytyneet, nähdäkseen heidät kovassa työssä ja antaakseen heille tunnustusta heidän ponnisteluistaan. Hänen ollessaan matkalla takaisin keskukseen paikalle saapui suuri kuorma-auto poimimaan kaikki jätepussit, joihin roskat oli kerätty.

Monet paikalliset heräsivät yön aikana uniltaan eri puolilta maailmaa tulleiden täydellisten muukalaisten nauruun ja riemuun, jonka saattelemana he siivosivat naapurustoa. Monet aukaisivat ovensa ja tulivat ulos hölmistynyt ilme kasvoillaan katsomaan, mikä oli tämä odottamaton juhla, jota vietettiin kylmänä yönä ulkona. Hämmästynyt poliisi, joka oli tullut saattamaan Ammaa, ohjasi avuliaasti liikennettä tiellä. Aamulla Amman ja kiertueryhmän lähtiessä kohti seuraavaa määräpaikkaa, Odishaa, tienvarsi oli täysin puhdas.

Käynnistämisensä jälkeen Amala Bharatam -projekti on järjestänyt useita siivoushankkeita joka puolella Intiaa. Moni Intian eri osavaltioiden hallituksista on sitoutunut tukemaan kampanjaa ja on sponsoroinut siivoushankkeita oman osavaltionsa alueella.

Intian johtava englanninkielinen sanomalehti, *Times of India*, kertoi: "Amma sekä sadat hänen oppilaistaan ja seuraajistaan lakaisivat ja puhdistivat kolmen kilometrin pätkän Budge Budge Trunk Roadia lähellä Sarkarpoolia. Tämä tapahtui myöhään yöllä tammikuun 19. päivänä Amman ensin annettua ashramissa darshanin tuhansille seuraajilleen."

Kuten kappaleen alussa lainatussa sanskritinkielisessä säkeessä selitetään, Ammalle ei ole "sinua" ja "minua". Hänessä ei esiinny tunnetta "minä olen suurempi, sinä pienempi". On vain tunne "meistä", äidistä ja lapsista.

Bhagavad Gita sanoo: "Suuret ihmiset katsovat yhtäläisellä tavalla nöyrää ja oppinutta asiantuntijaa, lehmää, norsua, koiraa ja kastitonta."

Amma sanoo: "Oppiminen on loppumaton prosessi. Ole siis aina aloittelija; säilytä lapsenkaltainen asenne. Nöyryys pitää sydämesi aina täytenä ja pienentää egoa."

Luku 9

Tyytyväisyys, todellinen rikkaus

Amma sanoo: "Kun keskityt vain tekemiseen, et lopputulokseen, tyytyväisyys pulppuaa esiin. Heti kun huomiosi kiinnittyy tekemisestä lopputulokseen, ilo ja tyytyväisyys poistuvat sinusta ja tilalle tulevat ahdistus ja pelko. Tyytyväisenä oleminen tarkoittaa keskittyneenä olemista."

En ole rahaa ja rikkauksia vastaan, eikä Ammalta oppimani elämänkatsomuskaan vastusta vaurautta. Vauraana olemiseen ja suunnattomien rikkauksien omistamiseen sisältyy kuitenkin eräs olennainen ongelma. On haasteellista saada selville kumpaa ihmiset haluavat sinusta enemmän, sinua itseäsi vai rahojasi. Tulet jäämään aina vaille selvää vastausta. Rahalla on epäilemättä välinearvoa, mutta saatat haluta miettiä sitäkin, tehdäkö rahasta lopullinen päämäärä. Eräs mielenkiintoinen seikka on se, että paljon rahaa voi tehdä onnellisen ihmisen vielä onnellisemmaksi, mutta onneton ihminen voi kaiken runsauden keskellä eläessään tulla vielä surullisemmaksi kuin muuten.

Henkiset mestarit ylistivät *triptiä*, tyytyväisyyttä. Nämä entisaikojen viisaat miehet painottivat tyytyväisyyden merkitystä suhteessa omistamiseen. Heidän kutsuessaan triptiä hyveeksi he eivät suinkaan tarkoittaneet hyveellä rikkauksien lisäämistä tai materiaalisia saavutuksia, pelkkää varojen omistamista. "Mene vain ja tee voittoa", he sanoivat, "mutta älä laske tyytyväisyyttäsi sen varaan. Älä luule, että rikkauksien hankkiminen ja onnellisuus kulkevat käsi kädessä." Tietämätön ihminen voi ymmärtää tämän väärin siten, että hänen ei pidä tehdä töitä eikä pyrkiä mihinkään saavutuksiin elämässä. Tämä tulkinta ei kuitenkaan ollut milloinkaan mestareiden tarkoitus.

Olemme luoneet harhaisen yhteyden rahan ja onnellisuuden välille. Jos saamme rahaa, seuraa onnellisuus; jos emme saa rahaa, menetämme onnen. Mutta todellisuudessa tämä käsitys on väärä. Se on mielemme, egomme luoma käsitys.

Tyytyväisyys on sen arvostamista, mitä meillä on – ei sen haluamista, mitä meillä ei ole. Kun edellä mainittu väärä käsitys yhteydestä rahan ja onnellisuuden välillä on oikaistu, ymmärrämme, että vuositulojemme määrällä ei ole vaikutusta onnellisuuteemme, olivatpa vuositulomme sitten kolmekymmentätuhatta, satatuhatta tai miljoona. Liikemiehet saavat tästä asenteesta tosiasiassa eväitä kansakunnan kasvun lisäämiseen, koska täytettyään omat ja perheensä tarpeet hän voi käyttää loput kansakunnan hyväksi – köyhien auttamiseksi, koulutukseen, asuntoihin, katastrofiapuun jne.

Meidän tulisi siis selvittää, mitä perheinemme tarvitsemme, ja ryhtyä sen jälkeen huolehtimaan myös maailmanperheestämme. Meidän tulisi parantaa paitsi asunnon laatua, jossa lapsemme asuvat, myös maailman laatua, jonka asukkaita he ovat.

Tapasin hiljattain R. N. Ravin, entisen Intian poliisivoimien virkailijan, joka oli juuri jäänyt eläkkeelle keskustiedustelutoimiston erikoispäällikön virasta. Tällä hetkellä hän toimii sisäministeriön neuvonantajana. Tämä hyvin ystävällinen ja kunnioitettu herrasmies adoptoi vaimonsa kanssa kaksi lasta Delhin kaduilta ja kasvatti heidät yhdessä kolmen biologisen lapsensa kanssa. Kun hän kertoi minulle kokemuksistaan, hän sanoi: "Teen sellaisia asioita, koska ne antavat minulle niin paljon iloa ja ne auttavat sydäntäni avautumaan; tunnen itseni tyytyväiseksi. Uskon kohtaloon ja karmaan, mutta niitäkin enemmän uskon myös Jumalan armoon. Omassa elämässäni Jumala näyttää minulle aina oikean tien ja asiat, joita minun pitäisi tehdä. Hän vain käyttää meitä instrumentteinaan."

Ravi kertoi kauniin tarinan ajalta, jolloin hän palveli erään poliisipiirin ylitarkastajana Keralassa. Hän oli ohjeistanut alaisiaan sijoittamaan palautelaatikoita kaupungin eri puolille. Ravi selitti: "Kuka tahansa saattoi laittaa laatikkoon kirjeen, valituksen tai ehdotuksen, allekirjoituksen kanssa tai ilman. Henkilökuntani keräsi kirjeet joka ilta ja toi ne minulle jatkokäsittelyä varten. Menetelmä auttoi meitä palvelemaan ihmisiä paremmin meidän kääntyessämme heidän puoleensa sen sijaan, että heidän olisi täytynyt tulla poliisilaitokselle, mikä ei heistä ole aina miellyttävää. Ajattelin saaneeni jumalallisen toimeksiannon ihmisten kyynelten määrän vähentämiseksi sekä niiden pois pyyhkimiseksi aina kun vain mahdollista. Kokeilumme vähensi dramaattisesti rikosten määrää alueella."

Kerran laatikossa oli lappunen pieneltä pojalta. Siinä luki: "Poliisisetä, odotan joka päivä tien vieressä koulubussia. Kuumassa auringonpaisteessa tien pinnassa oleva piki sulaa ja tarttuu kenkiini. Voiko poliisisetä tehdä asialle jotakin?" Tosiasiassa tällaiset asiat eivät kuulu lainkaan poliisin tehtäviin. Ravi olisi helposti voinut sivuuttaa pojan pyynnön jollakin tekosyyllä. Mutta hän soitti välittömästi julkisten töiden osastolle ja pyysi heitä korjaamaan kyseisen pätkän tiestä, minkä he tekivätkin.

Ravi jatkoi: "Erään kerran sain kirjeen vanhalta naiselta, joka asui paikallisessa vanhainkodissa. Kirjeessä luki: 'Poika, moni meistä hyvin vanhoista ja sairaista ihmisistä asuu vanhainkodissa. Meillä on täällä vain yksi kattotuuletin, joka on ollut jo monta viikkoa rikki, eikä kukaan välitä korjata tai vaihtaa sitä. Voisitko sinä auttaa meitä?"

Vanhainkodin tuuletinkaan ei ollut hänen vastuullaan. Hän olisi voinut heittää kirjeen roskiin ja unohtaa sen, niin kuin useimmat ihmiset tekisivät. Mutta tämä mies ei tehnyt niin. Hän toi paikalle uuden tuulettimen. Hän meni sähkömiehen kanssa vanhainkotiin, missä he asensivat tuulettimen paikoilleen. Jokainen, etenkin kirjeen kirjoittanut vanha nainen, oli tavattoman onnellinen ja kiitollinen siitä hänelle.

Ravi kertoi minulle: "Säilytän kirjeet yhä itselläni. Säilytän nuo kokemukset sydämeni aarrearkussa, ja mietiskelen niitä. Ne muistuttavat minua siitä, että samoin kuin minulla on velvollisuuteni perhettäni kohtaan, minulla on velvollisuuteni myös yhteiskuntaa kohtaan – ei pelkästään poliisiupseerina vaan myös ihmisenä, olentona, jonka Jumala on lähettänyt auttamaan muita kaikkien kykyjeni sallimalla tavalla. Minä olen *hänen* sanansaattajansa, Jumalan lähettiläs. Tämä oivallus antaa minulle valtavaa iloa ja tyytyväisyyttä." Tosiasiassa jokainen meistä on Jumalan sanansaattaja. Tämä meidän poliisiupseerimme sattuu kuitenkin olemaan henkevä luonteeltaan – ammattilainen, joka soveltaa työssään enemmän sydäntä kuin päätä.

"Jokainen, jolle on uskottu tehtävä, on enkeli." Näin kirjoitti Maimonides, juutalainen filosofi, astronomi ja lääkäri sekä eräs kaikkein tuotteliaimmista ja vaikutusvaltaisimmista Toora-oppineista.

On virheellistä ajatella, että nautintoamme kuvaava käyrä kääntyy laskuun, jos toivotamme tyytyväisyyden arvon tervetulleeksi elämäämme. Tämä on ahneuden aikaansaama väärinkäsitys. Tässä on tärkeää muistaa eräs asia. Muinainen henkisyyden tiede ei milloinkaan ollut elämää kieltävää; se on pikemminkin elämää vahvistavaa. Kautta ihmiskunnan historian on ollut yksinvaltiaita, jotka ovat kannattaneet tyytymättömyyden filosofiaa ja jopa pakottaneet kyseisen filosofian alamaisilleen, etenkin yhteiskunnan älyllisesti heikommalle väestön osalle. Tosiasia kuitenkin on, että yhdelläkään todellisella mestarilla ei ole milloinkaan ollut sellaista suhtautumistapaa elämää kohtaan sen enempää idässä kuin lännessäkään. He toivottivat elämän tervetulleeksi kaikkine erilaisine kokemuksineen. Erona muihin on se, että onnellisuuden, menestyksen ja kunnian lisäksi he hyväksyivät myös onnettomuuden, epäonnistumisen ja häpäisyn. He eivät kironneet muita tai luontoa käydessään läpi sellaisia kokemuksia, vaan kantoivat tilanteessa pelottomasti vastuun ja sanoivat kokemuksille hymyillen "kyllä". Lyhyesti sanoen, he arvostivat ja toivottivat tervetulleeksi yhtäläisesti sekä sisäisen että ulkoisen rikkauden. He arvostivat ulkoista vaurautta ja sen mahdollistamaa iloa, mutta samalla tavoin he arvostivat myös tyytyväisyyden sisäistä vaurautta. Tämä loi täydellisen harmonian heidän elämäänsä. Heille tyytyväisyys oli kaikkein tärkeintä.

Eräs intialaisista kirjoituksista, *Taittiriya Upanishad*, sisältää kymmenaskelmaisen kuvauksen ulkoisesta vauraudesta ja tyytyväisyydestä. Oletetaan, että henkilö siirtyy ensimmäiseltä askelmalta toiselle askelmalle hankkiessaan varallisuutta. Joku toinen henkilö nostaa vastaavasti tyytyväisyyden tasoaan ensimmäiseltä askelmalta toiselle. Jos nyt voisimme mitata näiden molempien onnellisuustason, ilmenisi, että henkilö, joka lisäsi tyytyväisyyttään, on sata kertaa paremmalla tuulella kuin ulkoisen omaisuuden kasaamiseen omistautunut henkilö. Jopa ilman moderneja härveleitäkin hän on paljon tyytyväisempi ja onnellisempi kuin rikas ihminen, joka ei ole tyytyväinen.

Aito tyytyväisyys on seurausta pyyteettömästä avusta, jota annamme sen ansaitseville ihmisille. Muiden auttaminen tuo meille onnellisuutta, koska palvellessamme jotakuta odottamatta mitään takaisin me laajennumme. Tietoisuudentasomme kasvaa. Auttaessamme epäitsekkäästi jotakuta samaistumme hänen onnellisuuteensa tai onnettomuuteensa, tiedostammepa sitä tai emme. Tosiasiassa näemme siinä prosessissa toisessa ihmisessä itsemme. Toisesta tulee itsemme jatke, ja toiseuden tunne katoaa.

USA:ssa esitetään suosittua TV-ohjelmaa, joka tarjoaa esimerkin siitä, kuinka toisen auttaminen mahdollistaa itsensä näkemisen toisessa ihmisessä. Eräät Amerikan menestyneimmistä itse uransa luoneista miljonääreistä lähtevät siinä todella uskomattomalle matkalle. He viettävät viikon ajan maan köyhimmillä alueilla ja lopuksi palkitsevat kuuluisuutta vaille jääneitä yhteisöjen sankareita antamalla heille satojatuhansia dollareita omaa rahaansa. Sarja "Salainen miljonääri (Secret Millionaire)" perustuu samannimiseen brittisarjaan, ja jokaisessa sarjan jaksossa seurataan viikon ajan jotakuta Amerikan menestyneimmistä liikemiehistä tai -naisista heidän jättäessään kodin mukavuudet taakseen. He salaavat todellisen henkilöllisyytensä eläessään jollakin maan kurjimmista kaupunkialueista.

Paikallisissa asumuksissa ja minimipalkoilla eläen nämä "salaiset miljonäärit" yrittävät löytää yhteisön ansioituneimmat ihmiset – ne epäitsekkäät yksilöt, jotka jatkuvasti antavat kaikkensa auttaakseen hädänalaisia ihmisiä ja jotka viime kädessä rohkaisevat muita tekemään samoin.

Amos Winbush III asui "Salaisen miljonäärin" jaksossa viikon ajan New Orleansissa köyhyysrajalla ilman tavanomaisia vaatteitaan ja luottokorttiaan. Vaikka hän oli rakentanut miljoonayhtiönsä aivan tyhjästä, eräs kaikkein vaikeimmista asioista hänelle oli elää viikon ajan kolmellakymmenellä ja puolella dollarilla. "Menin ensimmäisenä päivänä vihanneskauppaan ja murruin täysin", kertoo tämä newyorkilaisen teknologiayhtiön CyberSynchsin toimitusjohtaja. Hänen yhtiönsä on 196 miljoonan dollarin arvoinen.

"Ostin leipää, maitoa ja muroja, ja tajusin, että lasku oli kuudenkympin paikkeilla. Minun täytyi laittaa tavaraa takaisin", Winbush selitti. "Se todella avasi silmäni. Tämä oli minun elämääni viikon ajan, mutta monelle se on jokapäiväistä."

Hän sanoo, että hänen elämänmuutoskokeilunsa New Orleansissa on muuttanut häntä. "Olin eräällä tavalla itsekeskeinen. Kun olet perustanut yhtiön, keskityt todella vain yhtiösi kasvattamiseen, et välttämättä edelläsi kävelevään toiseen ihmiseen. Et pohdi: 'Millainen mahtaa olla hänen elämänsä?' Tämä muuttui. Palasin kotiin täysin uudistuneena."

Näiden uskomattomien kokemusten aikana miljonäärit kohtaavat joitakin todella epätavallisia ihmisiä, jotka sivuuttavat omat tarpeensa muiden vuoksi. Matkan lopussa miljonäärit paljastavat oikean henkilöllisyytensä ja lahjoittavat rahaa omasta pussistaan näille paikallisille sankareille. Se on elämää muuttava hetki.

Tapasin hiljattain pienen ryhmän naisia, jotka kertoivat minulle yhä käynnissä olevasta hankkeesta. He ovat lähtöisin enimmäkseen alemman keskiluokan perheistä. He kuuluvat *Amritakudumbamiin*, erääseen Amman henkisistä järjestöistä. Nimensä mukaisesti jokainen *Amritakudumbam* koostuu muutamasta perheestä, jotka kokoontuvat harjoittamaan henkisiä harjoituksia ja tekemään palvelutyötä yhteiskunnalle. Koska nämä naiset ovat köyhistä perheistä, he uurastavat pitkiä päiviä elantonsa eteen. Heidän kertomuksensa nosti kyyneleet silmiini. Joka päivä he säästävät pienen summan rahaa päiväpalkastaan, ja kahden viikon välein he ostavat säästämillään rahoilla riisiä ja vihanneksia. Niistä he laittavat ruokaa, jonka he vievät läheiseen orpokotiin ruokkiakseen sillä orpokodin köyhät lapset. Mielestäni heidän tietoisuutensa ja tyytyväisyytensä taso on paljon korkeampi kuin maailman rikkaimmalla ihmisellä. Nämä naiset noudattavat Amman opetusta: "Antakaa yhteiskunnalle mitä voitte." Heidän rakkautensa Jumalaa kohtaan on nostanut heidän tietoisuutensa tasoa, mikä puolestaan muuttaa ulkoisia olosuhteita.

Kun laskemme onnellisuutemme vaurauden ja valta-aseman varaan, seuraavaksi Bill Gatesiksi tulemisen varaan, emme ole pelkästään stressaantuneita, vaan muutumme stressiksi. Emme tule milloinkaan tuntemaan rauhaa. Vaikka meistä tulisi kuinka rikkaita tahansa, elämämme tulee olemaan helvettiä. Se tulee olemaan täynnä pelkoa. Jos laskemme onnellisuutemme osakemarkkinoiden varaan, onnellisuutemme ja rauhamme ovat markkinoiden armoilla. Ja me kaikki tiedämme, millaisia markkinat ovat: ylös ja alas, ylös ja alas, ylös ja alas. Kuvitelkaapa, millainen mahtaa olla sellaisen ihmisen mielentila, joka sijoittanut oman onnellisuutensa sellaisille markkinoilla. Hänestä tulee kuin hullu. Kun osakkeet kohoavat, hän tanssii ilosta. Kun osakkeet romahtavat, hän on valmis hyppäämään ikkunasta ulos. Miksi? Hän asetti onnellisuutensa panokseksi vedonlyöntikilpaan, jossa kurssi tiedettävästi heilahtelee armottomasti koko ajan.

Kuten me kaikki tiedämme, maailma on epävakaa ja ennustamaton, olipa kyseessä sitten perhemaailma, liikemaailma, tai jopa rakkauden maailma. Tyytyväisyys tulee sisäisestä voimastamme, voimasta ajatella ja tuntea positiivisesti. Ja tässä kohden henkisyys tulee elämäämme. Se pitää meidät keskittyneenä ja tasapainossa, mikä puolestaan sallii meidän toimia pelotta epävakaassa ja ennustamattomassa maailmassa.

Yksikään kieltäymys ei vedä vertoja tasapainoiselle mielelle, ja mikään onni ei ole tyytyväisyyden veroinen. Kaikista taudeista kavalin on kademieli, ja armoa ei ylitä hyveistä mikään.

– Chanakya

LUKU 10

Surun salattu voima

Jos yhtiössä ei rohkaista työntekijöitä sydämen kulttuuriin, saattaa tuloksena olla ihmisiä eri leireihin jakava konflikti. Konfliktit työpaikalla ovat melko yleisiä lähes kaikissa organisaatioissa. Koska yhtiöissä on ihmisiä eri kulttuureista, taustoista, kansallisuuksista ja kielialueilta, kiistat ja erimielisyydet ovat väistämättömiä. Myös eroilla koulutustasossa, älykkyydessä ja uskonnollisessa suuntautumisessa sekä syvään juurtuneilla tunteilla on merkitystä siinä, kuinka voimakkaiksi nämä konfliktit muodostuvat.

Amma sanoi UNAOC:n kokouksessa Shanghaissa pitämässään puheessa: "Maasta riippumatta yhteiskunnassa voi vallita harmonia ja yhtenäisyys vain, jos kulttuuri ja modernisaatio kulkevat käsi kädessä. Muussa tapauksessa keskinäinen luottamus tuhoutuu. Epäonnistuminen kulttuurin ja modernisaation harmonisoinnissa synnyttää monia eri yhteisöjä, jotka lopulta vaativat itselleen oikeuksia hajottavalla tavalla. Tämä synnyttää ryhmiä, jotka vihaavat toisiaan ja pysyvät toisistaan erillään niin kuin erilliset saaret. Jotta erilaisia perinteitä sisältävä yhteiskunta pysyisi rauhallisena ja menestyvänä, ihmisten tulisi yrittää kasvaa ja kehittyä hyväksyen samalla menneiltä sukupolvilta saadut perinteet. Historia on opettanut meille, että perinteet hylkäävistä uudistuksista seuraa vain lyhytkestoinen tyydytys ja vauraus."

Miten tällaisia konflikteja ratkaistaan? Ensi vaiheessa taistelevien osapuolten annetaan ratkaista kiistansa itse, mutta jos asiat ryöstäytyvät käsistä, on johtajan astuttava esiin. Jos tilanteisiin ei puututa älykkäällä, huolehtivalla, kohteliaalla ja diplomaattisella tavalla, ne voivat levitä organisaatiossa ja vaikuttaa työympäristöön ja tuottavuuteen. Ne voivat myös kaivaa maata työntekijöiden moraalin alta.

Yhtiöstä voi lähteä tuotteliaitakin työntekijöitä, jos kiistaa ei ratkaista ajoissa. Kukaan ei halua työskennellä äärimmäisen stressaavassa tai epäystävällisessä ympäristössä. Olla järjestelmällinen, huolellinen ja systemaattinen työntekijä on yksi asia, mutta itsensä valmistaminen kohtaamaan haastavia tilanteita joka päivä on jotakin aivan muuta. Harjoittamattomalle ja huonosti varustetulle mielelle selviäminen sellaisella työpaikalla voi olla energiaa kuluttava harjoite.

Suurimman osan viimeisestä 34 vuodesta olen viettänyt matkustaen Amman kanssa ympäri maailmaa. Osa *sevaani* (tehtävääni) on istua Amman tuolin vieressä ja tulkata kysymysjonossa olevien ja toisinaan myös halausjonossa olevien ihmisten kysymyksiä Ammalle. Olen nähnyt, kuinka ihmiset avautuvat itsestään ja vuodattavat Ammalle sydäntään hänen halatessaan heitä. Amma kuuntelee kärsivällisesti heidän henkilökohtaisia, ammatillisia, fyysisiä, emotionaalisia ja henkisiä ongelmiaan, ja suosittelee ratkaisuja. On todella järkyttävää ja joskus jopa masentavaakin tietää, kuinka paljon ihmiset kantavat sisällään tuskaa ja äärimmäistä surua. Mutta näen myös, kuinka ihmiset muuttuvat, kuinka heidän hyväksymisen asteensa kohoaa ja kuinka heidän onnellisuutensa saa uuden ulottuvuuden heidän kerrottuaan ongelmistaan Ammalle.

Eräs usein esille tuleva ongelma, josta ihmiset keskustelevat Amman kanssa, on työpaikoilla käytävä sisäinen ja ulkoinen nahistelu sekä sen aiheuttama valtava psyykkinen jännitys, emotionaalinen stressi ja fyysinen uupumus. Suurin osa heistä sanoo: "Päästessäni illalla kotiin minulla ei ole enää lainkaan energiaa tai innostusta jäljellä." Monen rutiinina on mennä suoraan sänkyyn.

Työpaikkaongelmat alkavat perheen tarpeista huolehtimisen jälkeen jo aikaisin aamulla työmatkalla, ja jatkuvat läpi koko päivän huolen aiheilla, jotka liittyvät vaikkapa työpaikkapolitiikkaan, pomon suosikeilleen osoittamaan puolueellisuuteen, epäpätevään päällikköön, jne. Lista on pitkä. Jos asioiden tilaa ei huomioida, sisäinen konflikti alkaa pian näkyä ulkoisessa vuorovaikutuksessa. Konflikti vaikuttaa työntekijöiden suoritukseen ja heijastuu pian koko yhtiöön ammattiliiton järjestämien lakkojen, boikottien, toimintojen lopettamisen, jne., muodossa. Ratkaisu piilee johtajan ymmärryksessä ja hänen kyvyssään kitkeä ongelmat jo alkuvaiheessa.

On asioita, joita emme voi nähdä ulkoisilla silmillämme. Tullessaan kypsemmäksi ja saadessaan kokemusta johtajan tulisi ponnistella kehittääkseen intuitiivista silmää. Tämä tarkoittaa selkeää tai hienostunutta sisäistä silmää, jolla asiat voidaan nähdä läpikotaisin. Sillä silmällä voidaan tavoittaa hienovaraiset asiat, jotka jäävät ulkoisilta silmiltä näkemättä. Kokenut johtaja auttaa työntekijöitä näkemään heidän rajoituksensa ja heikkoutensa, ja auttaa siten luomaan tiedostavuutta, joka on välttämätöntä. Työntekijöiden todellinen tukeminen ei tarkoita vain houkuttelevien palkka- ja muiden etujen tarjoamista tiimin jäsenille, vaan myös heidän taitojensa, kykyjensä ja heikkouksiensa syvää ymmärtämistä.

Työntekijöiden auttaminen tunteidensa käsittelyssä on hienotunteisuutta vaativa tehtävä, joka on suoritettava terveellä tavalla. Tunteita tulisi käsitellä tavattoman varovasti, kuin avautuvaa nuppua, koska niiden vääränlaisella käsittelyllä voi olla negatiivisia vaikutuksia kaikkeen elämään, mukaan lukien perhesuhteet ja terveys. Tietenkin johtajilla ja työntekijöillä on ulkopuolisia asiantuntijoita – päteviä psykologeja, terapeutteja ja neuvonantajia – opastamassa heitä näiden tilanteiden läpi ja antamassa heille laajempaa näkemystä.

Nämä opastajat antavat muun muassa seuraavanlaisia neuvoja:

- Ole kärsivällinen ja keskity työhösi.
- Harjoita jonkin verran itsetutkiskelua ja itseanalyysiä.
- Jos johtajasi palkkaa epäpätevän päällikön tai jonkun läheisensä, jolla ei ole tehtävään vaadittavia taitoja ja kykyjä, yritä katsoa asioita uuden päällikön näkökulmasta. Yritä saattaa hänen vajavaisuutensa hänen tietoonsa lempein huomautuksin ja korjauksin.
- Älä vertaile. Tunnista ja ymmärrä toisten kyvyt ja heikkoudet, ja hyväksy ne sellaisina kuin ne ovat.
- Älä arvostele.
- Rohkaise tavoitteiden yhdenmukaisuuteen ja yhteishengen kohottamiseen organisaation onnistumisen edistämiseksi.
- Yritä parantaa omia heikkouksiasi ensin.

Kaikki nämä ehdotukset ovat toimivia, mutta vain tiettyyn rajaan saakka. Kaikkeen liittyy aina niin etuja kuin haittojakin. Muutos työntekijän näkemyksessä on lopulta se, mikä todella toimii. Sillä tavoin voidaan muuttaa yhtiöitä ja työpaikkoja. Ihmiset voivat myös perustaa yhtiöitä, joissa he ovat omia johtajiaan. Mutta pohtivatpa he millaisia ratkaisuja tahansa, samat varjot seuraavat heitä kaikkialle, koska menevätpä he minne tahansa, he tarkastelevat ja arvioivat asioita samalla mielellä kuin aiemminkin.

Amma sanoo: "Elämässä on kahdenlaisia tilanteita: sellaisia, joissa voimme korjata ongelman, ja sellaisia, joissa sitä vaihtoehtoa ei ole. Kun meillä on vapaus korjata ongelma, voimme työskennellä yhä ahkerammin, kunnes pääsemme päämääräämme. Sitä vastoin tietyissä toisissa tilanteissa kamppailumme ei auta meitä riippumatta siitä, kuinka paljon ponnistelemme, ja päädymme täysin nujerretuiksi. Oletetaanpa, että olemme 160-senttisiä, ja haluaisimme olla pari senttiä pidempiä. Voimme syödä monivitamiineja, tai roikkua nilkoistamme pää alaspäin, tai tehdä joitakin muita venytysharjoituksia. Tässä tapauksessa kaikki yrityksemme ovat turhia. Ne ovat vain arvokkaan aikamme ja energiamme haaskausta, koska DNA, josta kehomme koostuu, on jo päättänyt pituutemme. Meidän täytyy siis vain hyväksyä tilanne ja siirtyä eteenpäin. Mutta jos epäonnistumme kokeessa tai haastattelussa, meillä on valinnanvapaus mennä uudestaan kokeeseen tai toiseen haastatteluun, kunnes onnistumme. Näiden kahden esimerkin välinen ero tulisi ymmärtää hyvin. Muuten seurauksena on ahdistavaa kipua ja pelkoa."

Meidän ei tulisi jättää yhtään kiveä kääntämättä ennen kuin tulemme siihen pisteeseen, jossa omatuntomme lempeä ääni ohjeistaa meitä: "Olet tehnyt kaiken voitavasi. Nyt lopeta, ja rentoudu." Luota siihen ääneen. Tosiasiassa, luota ainoastaan siihen ääneen. Mitä järkeä on taistella, jos tulet lopulta häviämään taistelun ja tuntemaan itsesi nöyryytetyksi ja lopen uupuneeksi? Salli tämän ymmärryksen mennä syvälle sisääsi. Pelkkä itsetutkiskelu ei riitä siihen, vaan tarvitaan syvää meditaatiota. Vain meditaatio voi luoda tarvittavan avaruuden ja hiljaisuuden sisällesi täydentämään menetettyä energiaa ja ehkäisemään tulevaa energian menetystä. Todellinen hyväksyntä, joka on etsimäämme positiivista katsantokantaa ja sisäistä voimaa, ei ilmaannu ehkä niin nopeasti kuin toivoisimme. Tämän hyväksymisen asenteen saavuttamiseksi tarvitaan vilpitöntä ja jatkuvaa yritystä aivan kuten minkä tahansa muunkin tavoitteen saavuttamiseksi. Sen sanottuani minun tulisi lisätä myös, että kokemuksen läpikäyminen on joskus tarpeen, jotta voisimme rentoutua ja saada tarvittavat opetukset. Mutta kokemusta läpikäydessämme meidän tulisi pysytellä niin avoimina kuin vain voimme eikä sallia kokemuksen ottaa meitä valtaansa tai kukistaa meitä. Se ei ole helppoa, mutta se on varmasti mahdollista, koska meillä on sisäinen potentiaali siihen, ja koska kykymme on tosiasiassa ääretön.

Kerron erään kokemukseni. Vuonna 1999 minulta luiskahti niskan alueella välilevy pois paikoiltaan, mistä seurasi voimakkaan kivun ja kärsimyksen sekä emotionaalisen myllerryksen jakso. Amma varoitti minua ensimmäisenä jopa ennen oireiden alkamista. Olimme jokavuotisella Pohjois-Intian kiertueella. Kuten aina, matkustimme koko kiertueen maanteitä pitkin. Bangaloren iltaohjelmassa oli ollut valtava yleisömäärä ja ohjelma oli kestänyt aamuun saakka. Amma nousi autoon lähteäkseen kohti seuraavaa ohjelmapaikkaa heti ohjelman jälkeen. Istuin kuljettajan vieressä etupenkillä. Heti auton lähdettyä liikkeelle tunsin olkapäälläni Amman lempeän kosketuksen. Kosketuksen värähtelyt olivat erilaisia kuin tavallisesti. Katsoin häneen. Amma hymyili, mutta hänen hymyssään oli surua. Hän sanoi pehmeällä äänellä: "Minusta tuntuu kuin ympärilläsi leijuisi jotakin pahaenteistä." Hänen kuiskauksensa, kosketuksensa, ja koko värähtelynsä olivat riittävän voimakkaita välittämään minulle tuntemattoman viestin, jonka oli määrä vielä avautua.

Seuraavana päivänä lapaluutani alkoi särkeä. Kipu oli aluksi pientä, venähdyksen kaltaista, ja paheni sitten vähitellen päivä päivältä. Parissa päivässä kipu siirtyi alas oikeaa käsivarttani. Saapuessamme Puneen kipu oli kestämätöntä. En voinut nostaa kättäni, istua, seistä, tai edes käydä makaamaan. Lopulta Amma kehotti minua menemään magneettikuvaukseen. Magneettikuva näytti niskassa olevan välilevyn luiskahtaneen sijoiltaan ja puristavan hermoa. Lääkärit, joihin olimme yhteydessä, suosittelivat yksimielisesti leikkausta. Amma ei ollut samaa mieltä. Hän sanoi: "Leikkausta ei tarvita. Lepää vain; se paranee itsestään." Tämä tapahtui 14 vuotta siten. Tuohon suositeltuun leikkaukseen sisältyi niihin aikoihin Intiassa tiettyä epävarmuutta. Joka tapauksessa päätin kuunnella Amman neuvoa ja levätä.

Kahteen kuukauteen en päässyt sängystä ylös. Kipu ei ollut pelkästään fyysistä, vaan myös tuskallista psyykkistä ja emotionaalista kipua. Aina kun joku uusi erikoislääkäri tarjosi pelottavalta kuulostavaa tietoa välilevyn luiskahduksen mahdollisista seurauksista, psyykkinen tilani huononi entisestään. Pääasiallinen huolenaiheeni oli, että en voisi jatkaa *sevaa*, jota olin tehnyt viimeiset kaksikymmentä vuotta. Kaksi vuosikymmentä olin pysynyt täysin aktiivisena ja tarmokkaana.

Ajattelin olevani peloton. Tietoisessa mielessäni ei ollut häivähdystäkään pelosta. Tämä kokemus oli kuitenkin suuri tapahtuma elämässäni, koska kaikki näytti olevan hajoamassa, aivan kuin elämäni loppuisi. Oli säkkipimeää, eikä tunnelin päässä näkynyt valoa. Kaikki oli sujunut jouhevasti, ja nyt tämä osui minuun kuin salama. Hetkestä toiseen siirtyminen oli kuin matka aikakausien halki. Avuttomana saatoin vain itkeä vuolaasti. Valutin ämpäreittäin kyyneleitä joka päivä ja rukoilin kaikesta sydämestäni sisäistä voimaa, rakkautta ja uskoa.

Amma johdatti minut loistavan psykologin lailla kokemuksen jokaisen vaiheen läpi, istutti minuun uskoa ja luottamusta, ja auttoi minua voittamaan pelon. Silti minulta kesti yli kuusi kuukautta siirtyä pois pimeydestä, joka oli ympäröinyt minut.

Minun täytyi kuitenkin ottaa ensimmäinen askel ja jatkaa etenemistä. Olipa kyseessä sitten ulkoinen tilanne tai äkillinen tunteiden pintaan tulo, kaikkein tärkein on ensimmäinen askel, jonka otamme. Itsensä rakastaminen on ensimmäinen askel. Mutta älkäämme sekoittako itsemme rakastamista rakkauteen egoamme kohtaan. Itsensä rakastaminen on ennemminkin uskoa omaan itseemme, sisäiseen potentiaaliimme. Se on vakaata uskoa elämän lahjaan. Syntymämme ei ole sattumaa; sillä on tarkoitus, korkeampi päämäärä. Me olemme toteuttamassa täällä jotakin, mihin kukaan muu ei pysty. Ilman meitä maailmankaikkeudessa olisi tyhjä kohta. Universumi kaipaisi meitä. Ole vakuuttunut tästä.

Toinen, yhtä tärkeä askel, on etsiä oikea opas – ohjaaja, jolla on kaiken kattava käsitys elämästä, joka on kokenut kaiken ja on yhteiskunnan todellinen hyväntekijä. Kun olet ottanut nuo kaksi askelta, seuraa automaattisesti kolmas askel, joka on elämän ilon juhliminen tulematta pakkomielteiseksi ulkoisista olosuhteista. Löysin Ammasta johtajani ja opastajani. Hän valaisee tietäni. Minun on oltava vain halukas kulkemaan tie läpi. Hän auttoi minua selviytymään tunteistani ja oppimaan kivustani niin, että kehoni saattoi parantua.

Jokainen meistä tarvitsee johtajan, joka voi johtaa meitä esimerkkinsä avulla. Pelkkä teoreettisesti tietäväinen henkilö, jolla on tonneittain hankittua informaatiota, ei riitä. Tämän päivän maailmassa kuka tahansa voi olla oppinut ihminen tieteen ja teknologian otettua isoja harppauksia. Kaikki on vain hiirenklikkauksen päässä. Tarkoitan sanoa, että meidän on etsittävä todellisella viisaudella varustettua ohjaajaa, joka kykenee opettamaan ja harjoittamaan esimerkillään ja spontaaniudellaan. Lainaus Albert Einsteinilta valottaa tätä: "Esimerkin näyttäminen ei ole pääasiallinen keino vaikuttaa muihin. Se on ainoa keino."

Apu johtajalta, jolla on yllä mainitut ominaisuudet, antaa meille rohkeutta, arvostelukykyä, tarkkuutta, näkemystä ja oikeaa näkökulmaa. Tämä muutos sisäisessä maailmassa luo muutosta myös ulkoisiin olosuhteisiin.

Saatamme voittaa lotossa ja tulla monimiljonääriksi. Tai saatamme olla tosi-TV -ohjelman neljän finalistin joukossa ja voittaa pääpalkintona olevan miljoonan. Mutta sellainen ei saa aikaan meissä mitään todellista muutosta. Hankimme tietenkin paremman talon ja auton, isomman plasmatelevision, niin paljon kultaa kuin haluamme, ja niin edelleen. Mutta ihmisenä jatkamme edelleen samojen kaavojen ja ajatusmallien mukaan toimimista kuin ennenkin, mielemme ja sen negatiivisuuksien ehdollistamana.

Kymmenen tai kahdenkymmenenviiden ihmisen tappamisen sijasta puunuijalla tai vasaralla yksi ihminen voi nykyään tappaa tuhansia ihmisiä napinpainalluksella. Ja sitä me kutsumme tieteelliseksi edistykseksi! Onko se todellista muutosta? Tarkoitan, että se, mikä kaipaa muutosta, on läsnäolomme, sisäisen olemuksemme laatu, persoonallisuutemme kokonaisuus ihmisenä. Kaiken muutoksen elämässämme pitäisi auttaa pienentämään ongelmiamme. Muutoksen tulisi olla laadullista, ei määrällistä. Se voi olla myös määrällistä, jos niin haluamme, mutta sen ei tulisi pahentaa jo olemassa olevia ongelmiamme.

Eräs aina mielessä pidettävä asia on, että jokaisella tapahtumalla, sisäisellä ja ulkoisella, on keskus, sydän. Sieltä on löydettävissä arvokas viesti. Meillä on kaksi vaihtoehtoa. Voimme olla joko tunnottomia tai herkkiä sen suhteen. En tarkoita tässä haavoittuvaa herkkyyttä, vaan pikemminkin läpinäkevää herkkyyttä. Mitä läpinäkevä herkkyys tarkoittaa? Se on voimaa nähdä kivun lävitse ja paljastaa sen keskus. Kuten *Kathopanishadissa*, yhdessä keskeisimmistä *Upanishadeista* sanotaan: "Hän, joka kykenee katsomaan sisälleen, kokee sisäisen itsen, keskuksen." Vaikka säkeessä puhutaankin todellisen olemassaolomme keskuksen uudelleenlöytämisestä, soveltuu se kaikkiin elämänkokemuksiimme.

Sisälleen katsominen kohottaa koko kokemuksen täysin erilaiseen ulottuvuuteen. Voimme nähdä asioiden hienovaraisimmat puolet, jotka jäävät piiloon muilta. Vain katsomalla ja omaksumalla nuo periaatteet tulemme kykeneviksi seuraamaan ympäristöämme, ja tekoihimme tulee epätavallista kauneutta, voimaa ja viehättävyyttä.

Se, että ihmisen on kohdattava kaikki elämän hänelle tuomat kokemukset yksin, on yksi elämän peruslakeja. Kuitenkin, jos olemme saaneet opastajaksemme sellaisen johtajan, joka on elävä esimerkki hyveistä ja arvoista, saamme häneltä apua elämän ilmeisen petollisten aaltojen keskellä navigointiin. Mieleeni muistuvat nämä Ralph Waldo Emersonin sanat: "Nostaaksesi minut ylös sinun on oltava minua korkeammalla kamaralla."

Kivuliaat jaksot, ponnistelun ajat elämässämme ovat syvempiä kuin hetket, joita väitämme onnellisiksi, koska onnellisuutemme on hetkellistä. Onnen hetkemme ovat pinnallisia. Mitä muuta voi odottaakaan silloin, kun ihmiset etsivät välitöntä tyydytystä?

Pidämme surua usein heikentävänä tunteena. Kuitenkin ne, jotka ovat oivaltaneet elämän mysteerit, käyttävät omaa elämäänsä esimerkkinä siitä, kuinka surussa on kätkettynä vahvuus. Tosiasiassa suru sisältää syvyyttä, joka onnellisuudesta puuttuu. Nuo tunteet ovat kuin päivä ja yö. Pimeyteen sisältyy jotakin läpäisemätöntä. Jos kehitämme itsellemme sisäisen voiman läpäistä surullisten kokemustemme tiiviit kerrokset, avautuu meille uusi tietoisuuden maailma, ja meille ojennetaan avain tiedon merkitykselliseen maailmaan.

Amman elämä on täydellinen esimerkki osoittamaan surulla olevan muutoksen voiman. Kun ymmärrämme tämän salaisuuden, pimeys katoaa ja jäljelle jää vain valo aina, kun tulemme kasvokkain surun kanssa. Kokemuksista tulee samanaikaisia, ja siksi meidän ei tulisi sivuuttaa kipua. Sen sijaan meidän on hyväksyttävä kipu; hyväksyminen tuo mukanaan valon. Tämä ymmärrys antaa elämälle laajemman ulottuvuuden. Merkitys, jonka elämälle olemme antaneet ("ansaitse enemmän ja kuluta enemmän"), muuttuu. Ruumiistamme, mielestämme, tunteistamme ja jopa ansaitsemistamme rikkauksista tulee voimakkaita työvälineitä, joiden avulla voimme luoda suunnittelemaamme muutosta.

Kun meillä on tällainen johtaja, opimme syvällisen viestin: elämämme kipujen tarkoitus ei ole heikentää meitä, vaan herättää meidät. Surujen tarkoitus ei ole tehdä meitä synkäksi tai masentuneeksi, vaan auttaa meitä tulemaan tietoisemmiksi.

Epäonnistumisten tarkoitus ei ole pysäyttää meitä, vaan vapauttaa sisäinen voimamme.

Amma antaa esimerkin: "Oletetaan, että olemme kävelyllä iltahämärissä, ja okaan piikki lävistää jalkapohjamme. Poistamme piikin ja jatkamme eteenpäin, mutta nyt olemme varovaisempia katsellen eteemme, näkyykö uusia okaita. Yhtäkkiä näemme kobran, myrkyllisen käärmeen. Piikistä johtunut varovaisuutemme auttoi meitä väistämään vaaratilanteen. Jos emme olisi olleet valppaana, kobra olisi voinut purra meitä. Tässä asiayhteydessä piikin menemistä jalan läpi ei tulisikaan nähdä kivuliaana kokemuksena. Saatat kirota piikkiä, mutta kun jälkikäteen katsot tilannetta tarkemmin, havaitset, että se auttoi sinua tulemaan valppaaksi."

Kaksi lainausta Charlie Chaplinilta sopivat tähän. Hän sanoo: "Mikään ei ole pysyvää tässä pahassa maailmassa, eivät edes vaikeutemme." Hän sanoo myös: "Nauraaksesi todella sinun on kyettävä ottamaan kipusi vastaan ja leikkimään sillä!" Mutta Chaplinilta taisi kulua kokonainen elinikä edes aavistuksen tuon totuuden saavuttamisesta. Kysymys, joka meidän on esitettävä itsellemme, onkin: "Onko minun odotettava niin pitkään, ennen kuin tuo totuus valkenee minulle?"

LUKU 11

Useita oppituntejа

"Mielestäni monet johtajat eivät ongelmia ratkoessaan näe metsää puilta, koska he unohtavat työntekijänsä. He eivät tokikaan unohda miettiä, miten he saisivat työntekijöistään enemmän irti tai miten johtaa heitä tehokkaammin. Heidän tulisi perehtyä hieman tarkemmin työntekijöidensä päivittäiseen rutiiniin." En tiedä, mitä eläkkeelle jäänyt U.S. Airlinesin johtohenkilö ja entinen Continental Airlinesin toimitusjohtaja Gordon Bethune tarkkaan ottaen tarkoitti lausuessaan tämän oivaltavan kommenttinsa. Hän näyttää kuitenkin ymmärtäneen jotain siitä, kuinka tiimin jäsenet pidetään hyvällä tuulella.

Peter Drucker osui oikeaan sanoessaan: "Suurin osa siitä, mitä kutsumme johtamiseksi, koostuu työn tekemisestä vaikeaksi."

Tietoisesti tai tiedostamattaan eräät nykyajan johtajat, kenenkään siihen kehottamatta, pitävät yllään vakavuuden ja ylpeyden ilmiasua aivan kuin koko maailman tulisi tietää, että he ovat johtoasemassa. Paisuttamalla egoamme ja yrittämällä olla merkittäviä emme lisää mitään positiivista persoonallisuuteemme, emmekä sillä tavoin myöskään tule hyväksi johtajaksi tai päälliköksi. Sellainen saattaa päinvastoin vaikuttaa jopa negatiivisesti maineeseemme ja tuottavuuteemme.

On sanottu, että hallinnossa ja johtamisessa on eduksi olla ystävällinen ihmisiä kohtaan mutta on haitallista ystävystyä heidän kanssaan. Amma sanoo tähän liittyen: "Meidän tulisi harjoittaa palautetta antavaa kiinnittymättömyyttä. Ole avoin, mutta etäällä. Ole yksi heidän joukossaan, mutta ole yksin."

Tämä kuulostaa arvoitukselta, ja on kuitenkin eräs menestyksen salaisuuksista. Ole lähellä ihmisiä mutta ole myös etäällä.

Kun lähennymme ihmisiä liiaksi, voimme joutua tilanteiden sokaisemaksi ja olla näkemättä totuutta. Tämä läheisyys tai tuttuus vaikuttaa heikentävästi arvostelukykyymme. Ennen kaikkea, saatamme paljastua täydellisesti. Kiihtymyksen hetkellä lipsahdamme joskus unohduksen mielentilaan. Unohdamme identiteettimme. Suistumme tietämättömyyden tilaan. Ollessamme samaistuneena johonkin tiettyyn tilanteeseen voimme lausua sanan, tehdä eleen tai merkin, tai näyttää kasvonilmeen, jota saatamme pitää merkityksettömänä. Mutta jollekin ihmiselle sellainen yksinkertainen ele saattaa toimia selvänä merkkinä. Jos hän on odotellut sopivaa tilaisuutta suistaakseen uramme raiteiltaan, hän voi käyttää tilaisuutta hyväkseen noustakseen tikapuilla askelta ylemmäs ja työntääkseen meidät alas. Tuloksena saattaa olla kokonaisen hiellä ja verellä rakennetun valtakunnan romahtaminen, ja kaikki vain siksi, että emme yhtenä hetkenä olleet valppaana.

Pinnallinen mieli ei kykene saavuttamaan mitään. Kaikki saavutukset ovat mielen syvempien osien lapsia, jotka ovat syntyneet erityisestä innovatiivisten ideoiden hedelmöittymistä varten luodusta sisäisestä kohdasta. Tieto ei ole ulkoista. Se ei jossain ulkona. Tieto on sisäistä, osa olemustamme. Tunnettua sanontaa "silmät ovat sielun peili" voidaan muokata muotoon "silmistämme tulee uusi peili, jonka kautta nähdä sisällämme oleva kokonainen tiedon maailma, meissä uinuvana ollut vapautettu potentiaali."

Tavallisesti ihmiset sekoittavat näiden kahden sanan merkityksiä keskenään: yksinolo ja yksinäisyys. Monet jopa ajattelevat niiden olevan täysin sama asia. Mutta siinä kuin yksinolo kohottaa meidät korkeampaan tietoisuuden tilaan, tarkkaavaisuuteen, laajuuteen ja iloisuuteen, yksinäisyys painaa meidät alas tiedostamattomuuteen, supistuneeseen ja onnettomaan mielentilaan.

Miten onneton johtaja voisi olla luova tai tuottava? Arvostavatko hänen alaisensa hänen nurkuvaa luonnettaan? Kykeneekö sellainen henkilö vakiinnuttamaan toimivat kommunikaatiokanavat eri osastojen välille? Kykeneekö hän vastaanottamaan ja antamaan paljon kaivattua rehellistä palautetta rakkaudellisesti?

Kun totumme johonkin, on kuin omaksuisimme itsellemme noita samoja piirteitä ja tulisimme entistä enemmän tuon asian tai henkilön kaltaiseksi. "Anna takaisin samalla mitalla" on maailmassamme nykyään hyväksytty sääntö. Viesti on, että jos maailma on epäreilu, myös meidän tulisi seurata esimerkkiä.

Intialainen kirjailija ja älykkö Gurucharan Das on antanut kirjoittamalleen kirjalle nimeksi "Hyvänä olemisen vaikeus (The Difficulty of Being Good)". Nimi kuulostaa osuvalta. Onkin todella vaikeaa olla hyvä ja rehellinen kaikissa olosuhteissa. Kuitenkin, eikö minkä tahansa tavoitteen saavuttaminen ole vaikeaa? Lisäksi "hyvä" ei ole superlatiivi. Se ei tarkoita "täydellistä". Olla upein kaikista on tietenkin haastava päämäärä, mutta kaikkine emotionaalisine epätäydellisyyksinemme ja heikkouksinemmekin on yhä mahdollista olla hyvä ihminen, jos niin todella haluamme. Vaikka kaikki mielet maailmassa ajattelevatkin samoja negatiivisia ajatuksia, on mahdollista vähentää niiden määrää ja voimakkuutta. Voimme myös pidättäytyä toimimasta epätoivottujen ja tuhoavien ajatusten pohjalta, vaikka niiden täydellinen huomiotta jättäminen onkin melkein mahdotonta.

Ihmiset tottuvat siihen, että heillä on ongelmia. Kuitenkin joskus sellaiset ihmiset tekevät omista ongelmistaan muiden ongelmia. Muistan erään Amman kertoman esimerkin: "Miehellä oli rankka migreenin aiheuttama päänsärky, ja hän valitti siitä lakkaamatta jokaiselle perheenjäsenelle, jopa ystävilleen ja naapureilleen. Päivän päättyessä miehen päänsärky oli loppunut, mutta kaikilla muilla oli päänsärky."

Vaurauteen ja omaisuuteen kiintyminen on tavallista. Pieninkin merkki tai epäilys siitä, että joku voisi varastaa tai viedä ne meiltä, voi tehdä mielen levottomaksi.

Ihmiset voivat samalla tavoin kiintyä myös ongelmiinsa ja ideoihinsa.

Luin seuraavat "taaperon säännöt":

Jos pidän siitä, se on minun.
Jos se on kädessäni, se on minun.
Jos voin ottaa sen sinulta, se on minun.
Jos se oli vähän aikaa sitten minulla, se on minun.
Jos se on minun, se ei saa milloinkaan näyttää millään
tavoin siltä kuin se olisi sinun.
Jos teen tai rakennan jotakin, kaikki palaset ovat minun.
Jos se näyttää siltä kuin se olisi minun, se on minun.
Jos ajattelen sen olevan minun, se on minun.

Kaikki luomuksemme ovat rajallisen mielemme tuotoksia. Sen vuoksi ne eivät tule olemaan täysin virheettömiä. Mutta jos olemme liian kiintyneitä suunnitelmaamme, "omaan lapseemme", seuraamme yllä olevia "taaperon sääntöjä". Liian kiintyneessä mielentilassa emme kykene kuulemaan tiimimme antamaa palautetta ja ehdotuksia; emme kykene suhtautumaan tiimiimme reilulla tavalla.

Olen kuullut ihmisten sanovan: "Elämä on epäreilua, mutta alan tottua siihen."

Amman näkemys on erilainen. Hän kertoo ihmisille: "Elämä näyttää epäreilulta vain, jos sitä katsotaan ulkoisin silmin. Katsoessamme sitä sisältä päin oivallamme, että elämä on aina reilua, koska elämä on kaikkeus, maailmankaikkeus. Ihmiset voivat olla epäreiluja, mutta maailmankaikkeuden pitäisi olla reilu, koska se on yhtäläisesti kaikkien tavoitettavissa. Mutta meidän tulisi aina tukeutua elämän arvoja koskeviin syviin vakaumuksiimme."

Amman lähestymistapana ei ole tottua "epäreilun" maailman tapoihin ja siten astella epäreiluuden jalanjäljissä. Maailman tavat ovat vääjäämättömiä ja väistämättömiä. Käy kokemukset läpi rohkeasti, mutta opi ylittämään ne. Ylittäminen on muuntamista – heikkouksien ja rajoitusten muuntamista vahvuuksiksi. Siten kohoamme epäreilun maailman yläpuolelle ja pysymme sen koskemattomissa.

Amman johtamistyylin pohjana olevat periaatteet ovat: "Rakasta kaikkia, palvele kaikkia. Anna anteeksi, ja ole myötätuntoinen." Sen vuoksi hänellä ei ole milloinkaan vaikeuksia antaa palautetta kenellekään tiiminsä jäsenistä. Vaikuttavinta ja viehättävintä sellaisessa palautetilanteessa on se, kuinka kaikkien muiden tiimin jäsenten lailla myös Amma itse ottaa vastuun tilanteesta. Jos joku sanoo: "Se on täysin minun vikani", niin Amman vastaus on: "Ei, sinun virheesi on minun virheeni. En ehkä kiinnittänyt tarpeeksi huomiota yksityiskohtiin."

Sen sijaan, että käyttäisi sellaiset tilaisuudet asianomaisen henkilön tai ryhmän ojentamiseen, Amma kehottaa heitä aina olemaan tietoisempia ja valveutuneempia tulevaisuudessa. Hän motivoi heitä auttamalla heitä näkemään tapahtumat toisesta näkökulmasta.

Kerron erään tapauksen, joka valaisee tätä näkökohtaa. Tämä tapahtui paljon ennen luottokorttiaikaa. Hankintatiimimme jäsenten täytyi aina kantaa mukanaan käteistä rahaa voidakseen maksaa järjestömme päämajaan hankittavat ostokset. Tiimi koostui kolmesta nuoresta miehestä mukaan lukien kuljettaja, joka oli myös asukas tai vapaaehtoinen. Eräällä sellaisella ostosretkellä kaikki käteinen, melkoinen summa rahaa, katosi jotenkin. Joko taskuvaras oli vienyt rahat tai ne oli laitettu väärään paikkaan. Kun nuorukaiset palasivat, heillä ei ollut tarpeeksi rohkeutta kohdata Ammaa. Tiimi pelkäsi, että Amma olisi vihainen, joten he pysyttelivät lammasmaisesti huoneissaan suljettujen ovien takana. Hyvin pian eräs toinen vapaaehtoinen lähetettiin hakemaan heitä. Viesti oli, että Amma haluaa nähdä heidät. He olivat tietenkin pelon ja syyllisyyden otteessa, mutta Amma toivotti heidät tervetulleeksi leveä hymy kasvoillaan. Hän pyysi heidät istumaan viereensä. Silitellen heitä Amma sanoi: "Ottakaa rauhallisesti. Älkää huolehtiko. Sitä tapahtuu. Ei se ole teidän vikanne. Rentoutukaa siis. En ole lainkaan pahoillani. Toivottavasti raha meni jollekin, joka ansaitsee sen."

Sanat olivat yksinkertaisia. Asenne oli ajattelevainen. Amman sanoilla oli syvällinen vaikutus tiimin jäseniin. Se tuntui heistä siltä kuin olisi astunut ilmastoituun huoneeseen pitkällisen auringonpaahteessa olemisen jälkeen. He olivat selvästikin liikuttuneita ja tyyntyneitä.

Asioiden asetuttua Amma kertoi heille: "Lipsahdukset ovat tavallisia. Minulla ei ole mitään vaikeuksia antaa anteeksi ja unohtaa. Mutta yksi pennikin on minulle tavattoman arvokas. Se on kuin pisara, ja joki koostuu pisaroista. Jokainen penni yhdessä ponnistelujemme kanssa on palautettava yhteiskunnalle lahjanamme, paljon suurempana pakettina. Virheitä on kolmenlaisia: sellaisia, jotka sattuvat meille; sellaisia, jotka itse aiheutamme teoillamme; ja sellaisia, jotka teemme tarkoituksella. Joskus asiat menevät pieleen silloinkin, kun olemme tarkkaavaisia ja huolellisia. Nämä ovat vahinkoja. Emme tehneet niin tarkoituksella. Mutta kun jotakin menee vikaan huolimattomuudestamme johtuen, olemme itse tehneet sen tiedostamattamme. Kolmanteen kategoriaan kuuluvat virheet, jotka teemme tarkoituksella, tahallamme. Sellaiset virheet tehdään tietoisesti. Kaikkien kolmen suhteen annetaan tilaisuuksia tilanteen parantamiseksi, mutta ei loputtomasti. Tapahtuipa virhe siten tietemme tai tietämättämme, sisältyy siihen aina eräs tekijä: tiedostavuuden puute. Jollei virheitä korjata tarjottuja tilaisuuksia hyväksikäyttäen, ei niiden tekemisessä ole edes mieltä. Muistakaa se." Tämä Amman antama palaute otettiin erittäin hyvin vastaan.

Asia käytiin läpi lempeällä ja silti syvällisellä tavalla, mutta vasta sen jälkeen, kun tiimin jäseniä oli autettu ylittämään jännittyneet mielentilansa. Se oli ensimmäinen askel. Tiimiläisten rentouduttua ja avauduttua heidän huomionsa suunnattiin toiseen askeleeseen. Jos järjestys olisi ollut päinvastainen, ei sanaakaan ohjeista olisi mennyt perille tiimiläisten ollessa kääriytyneinä pelon ja syyllisyyden kotelon sisään.

Amma sanoo: "Menneisyys on tosiasia. Siitä oppimalla ja nykyhetkeen uskomalla voimme tulla ystäviksi tulevaisuuden kanssa." Tulevaisuus on tosiasiassa nykyhetken hedelmä. Tulevaisuus riippuu siitä, kuinka älykkäästi käsittelemme nykyhetken. Joten siirtykäämme pois peruuttamattomista tosiasioista ja valmistautukaamme kohtaamaan tulevaisuus olemalla läsnä nykyhetkessä.

Olemalla osallistumatta tavanomaiseen syytöspeliin, jota näemme maailmassa, Amma ratkaisee tilanteet luomatta syyllisyyttä ja arvottomuuden tunnetta toisissa. Hänen "soturinsa" ovat täysin tietoisia tästä lähestymistavasta, ja siksi he avautuvat hänelle täysin. Siksi pieninkään yksityiskohta ei jää milloinkaan huomioimatta.

Johtamistaidon asiantuntijat ovat havainneet, että palautteen antaminen ja saaminen ovat monissa järjestöissä suurimpia pullonkauloja. Palaute on joko riittämätöntä tai myöhässä. Tosiasiassa palautetta harvoin annetaan asianmukaisin väliajoin. Kritiikin pelko, luottavaisuuden puute, pakkomielteisyys omien ideoiden suhteen, haluttomuus kohdata kilpailijoita ja syvään juurtunut vihamielisyys lähintä esimiestä kohtaan voivat olla eräitä monista esteistä arvokkaan palautteen antamiselle ja saamiselle oikeana aikana ja oikealla asenteella.

Aidon palautteen antaminen ei tarkoita vikojen etsimistä. Aitoon palautteeseen liittyy toisten näkemysten kunnioittaminen ja tukeminen. Huomautukset annetaan myös täysin rehellisesti. Se on ennemminkin vaihtamista, vuorovaikutusta, kommunikaatiota kahden kypsän ihmisen tai osapuolen välillä. Tarkoituksena on tehdä oikea päätös, joka hyödyttää organisaatiota. On vaikeaa antaa tervettä ja hedelmällistä palautetta, elleivät sekä palautteen antaja ja saaja asennoidu tilanteeseen ihmisinä, jotka eivät etsi absoluuttisia ratkaisuja vaan arvioivat ja tarjoavat strategioita omasta perspektiivistään käsin.

Dale Carnegie, amerikkalainen kirjailija ja luennoitsija, joka on kirjoittanut monia kuuluisia oppikursseja itsensä kehittämisen, myyntitaidon ja yrityskoulutuksen aloilta, sanoi: "Kuka tahansa hölmö pystyy arvostelemaan, tuomitsemaan ja valittamaan... ja useimmat hölmöt tekevätkin niin."

Ammalla on ainutlaatuinen tapa antaa ja vastaanottaa palautetta. Se on keskeisessä osassa kaikessa, mitä hänen ympärillään tapahtuu; se ei ole rajoitettu vain instituutioihin ja hyväntekeväisyysohjelmiin. Amma puhuu joka päivä osastojen johtajille joko suoraan tai puhelimen välityksellä. Hän saa säännöllisiä tilannetiedotuksia. Ollessaan vastaanottavana osapuolena Amma pysyttelee täysin avoimena ja kuuntelee kaiken, mitä antavalla osapuolella on sanottavana. Ja kertoessaan näkemyksistään Amma analysoi syvällisesti jokaisen tiedonmurun, ottaa jokaisen kommentin huomioon ja punnitsee edut ja haitat tiiminsä edessä varmistaen niin, että mitään oleellista tekijää ei jätetä huomiotta ennen johtopäätösten tekemistä. Kuitenkin hän osaa erottaa erehtymättömällä tavalla toisistaan asiat, joita korostaa ja joita ei – ne puolet asioista, joista voidaan keskustella avoimesti ja ne, jotka ovat luottamuksellisia.

Amma sanoo: "Muistakaa nämä kaksi tärkeintä asiaa: totuudellisuus ja sisäinen voima salaisuuksien säilyttämiseen. Olkaa totuudellisia älkääkä koskaan paljastako salaisuutta toiselle." Tämän neuvon saa lähes jokainen hänen tiiminsä jäsen.

Vaikka Amma pyörittääkin tätä koko show'ta johtaen taitavasti järjestömme eri laitoksia ja hyväntekeväisyystoimintoja, hän on täysin vaatimaton asian suhteen. Hänellä ei ole kerta kaikkiaan minkäänlaisia vaikeuksia puhua henkilökohtaisesti osastojen eri päälliköille, ja hän kuuntelee, keskustelee ja ottaa vastaan palautetta myös kaikkein nuorimmiltakin henkilökunnan jäseniltä. Aivan vähäpätöisissäkin tehtävissä olevat ihmiset voivat vapaasti lähestyä Ammaa ja kertoa ongelmansa ja näkemyksensä hänelle.

Olen seurannut vierestä monta kertaa, kuinka Amma keskustelee tietyistä asioista koululaisten kanssa ja saa heiltä palautetta. Kysyin kerran häneltä: "Miksi puhut näille pienille lapsille tällaisista vakavista asioista?" Amma hymyili ja sanoi: "Lapset ovat välkympiä kuin aikuiset. Heillä voi olla loistavia ideoita ja eläviä esimerkkejä. Älä milloinkaan aliarvioi ketään. Maailmankaikkeuden tieto puhkeaa esiin kaikkialla. Etsinnän tulisi olla loppumatonta. Kolkuta jokaiselle ovelle. Piilotettujen resurssien sijaintia ei voi tietää. Jokin voi näyttää ulospäin vähäpätöiseltä, mutta kun kuorikerros poistetaan, voimme löytää sisältä kokonaisen aarteen."

Pitäytyminen tietynlaiseen työskentelytapaan ja ehdoton joustamattomuus sääntöjen noudattamisen suhteen rampauttavat sekä johtajan että yhtiön tai osaston toiminnan ylipäänsä. Kurinalaisuus on tärkeää, mutta hauskanpidon yhdistäminen työhön varmistaa avoimen kommunikaation. Amman sanoin: "Elämän tulisi olla täydellinen yhdistelmä kurinalaisuutta ja leikkisyyttä. Ole vakava ja ole leikkisä. Ole sekä toimisto että metsä. Kurinalaisuus tulee älykkyydestä ja leikkisyys viattomuudesta. Näiden kahden tekijän sulautuminen tuo mukanaan rakkautta ja menestystä."

Kuvittele järjestelmällinen toimisto sulautuneena virkistävän metsän kauneuteen ja tervehdyttävään tunteeseen. Sellainen kohottaisi jokaisen mielialaa. Luo siihen tilaisuus. On yllättävää nähdä, kuinka jopa kaikkein snobistisimmat ja varautuneimmatkin tiimin jäsenet äkkiä avautuvat. Toimiston muodollinen ilmapiiri ei rohkaise ihmisiä juttelemaan luontevasti tai tutustumaan toisiinsa. Luomalla erikoistilaisuuksia, joissa tiimi pääsee pois toimiston asettamista vaatimuksista ilmaisemaan luontaisia lahjojaan, helpotetaan paineita ja ladataan akkuja. Jos nämä tilaisuudet järjestetään oikealla tavalla, saadaan esiin piilossa ollut leikkisyys, sisäinen lapsemme kaikessa täyteydessään ja puhdissaan. Unohtamalla sosiaalisen ja virallisen aseman, perhetaustan sekä esimiesaseman ja alaisuuden tunteet tulemme tasa-arvoisiksi, ainakin joksikin aikaa. Tämä puolestaan kohottaa tiimin moraalia, luovuutta, tuotteliaisuutta ja kommunikaatiokykyä. Siten kasvatamme ykseyden tunnetta.

Amma on erikoistunut sellaisten yhdistelmien luomiseen. Kansleri, Amma, varakansleri, lääketieteellinen johtaja, dekaanit, tutkimustiimien päällikkö, insinöörit, hallintovirkailijat, vahtimestarit, kanttiinivastaavat, tarjoilijat, siivoojat, lakaisijat, äänitarkkailijat, muiden alojen ammattilaiset, länsimaalaiset, intialaiset – kaikki istuvat yhdessä. Ihmisiä ei kategorisoida. Amma ei sano: "Puhun vain dekaanin tai lääketieteellisen johtajan kanssa." Hän arvostaa inhimillisyyttä jokaisessa ja viettää aikaa jokaisen kanssa. Jokainen tiimin jäsen saa tuntea: "Olen hänen suosikkinsa. Hän todella välittää minusta." Kaikki mahdolliset mielen luomat esteet poistuvat, ja henkilö soveltaa onnellisesti täyttä potentiaaliaan omalla toiminta-alueellaan avaten siten kaikki ikkunat palautteen antamiselle ja vastaanottamiselle.

Ne, jotka ovat saaneet tuntea elämän ja sen mysteerit, ovat yhtä mieltä yhdestä asiasta – riippumatta siitä, mitä ollaan suorittamassa, tulee sydämen olla täynnä. Kysymys on todella asenteestamme sitä kohtaan, mitä teemme. Ja asenteen muutoksen myötä, työn muuttuessa juhlaksi, koko asetelma elämässä muuttuu.

Amman matkustaessa Intiassa ja ulkomailla hänen mukanaan matkustaa satoja ihmisiä busseissa ja muissa kulkuvälineissä. Kuljetamme mukanamme keittiöteltan, tarvittavat ruokailuvälineet, isot ruoanlaittoastiat, lautaset, kupit, tuolit, äänentoistolaitteet ja niin edelleen. Kun kiertueryhmä saapuu kulloisenkin kaupungin ohjelmapaikalle, vapaaehtoispohjalta toimivan henkilökunnan jäsenet tekevät kaikki valmistelut ja aloittavat ruoanlaiton jo varhain aamulla. Toimintaa on koko ajan aamuvarhaisesta myöhään yöhön saakka. Jokainen, joka vierailee näissä keittiöissä Amman ohjelmapaikoilla Intiassa ja ulkomailla saa käsin kosketeltavan kokemuksen siitä, kuinka työ voidaan muuntaa todelliseksi jumalanpalvelukseksi. Nämä keittiöt ovat juhlamielen tyyssijoja.

Euroopan ja Pohjois-Amerikan kiertueet sijoittuvat alkutalveen. Melkein kaikissa kaupungeissa keittiö on sijoitettu telttaan ohjelmahallin ulkopuolella. Mutta ilmapiiri on hurmioitunut, ihmiset laulavat ja tanssivat. Heistä tuntuu kuin he eivät oikeastaan tekisi työtä ja silti he tekevät kovasti töitä, mutta ilman kireyttä. Työntekoon lisätty leikkisyys toimii vastalääkkeenä kaikkea kireyttä tai negatiivisuutta vastaan. Jos kysyt, mikä on looginen selitys sellaiselle ilon kokemukselle, niin suoraan sanoen loogista selitystä ei ole.

Amman Pohjois-Amerikan kiertue alkaa joka vuosi toukokuun kolmannella viikolla. Ennen lähtöään Amma tekee jotakin erityistä lähes 3000:lle Intian keskuksen asukkaalle. Hän valmistaa yhdessä kokkien ja asukkaiden kanssa jokaiselle ranskalaisia perunoita sekä *masala dosia* (maustetulla peruna-sipulitahnalla täytettyjä lettuja, joiden pohjana on riisi- ja linssijauhoa). Se kuulostaa yksinkertaiselta, mutta lähempi tarkastelu paljastaa syvällisen oppitunnin usean asian samanaikaisesta hallitsemisesta.

Koko tilaisuus tapahtuu Amman tiukan valvonnan alla. Kaikki ruokailuvälineet on järjestetty hyvissä ajoin etukäteen ohjelmahalliin. Mukana on valtavia kaasuliesiä, lukuisia jättikokoisia dosapannuja, paistinlastoja sekä pronssiastioita ranskalaisten perunoiden uppopaistamiseen.

Heti illan päätösmantrojen jälkeen Amma aloittaa *dosien* ja ranskalaisten perunoiden juhlan. Amma osallistuu aktiivisesti kokkien ja asukkaiden kanssa ruoanlaittoon, ja samalla hän valvoo prosessin jokaista vaihetta, kuten lisättävän öljyn määrää ja sitä, että jokainen *dosa* ja perunaviipale on mahdollisimman samankokoinen. Hän kehottaa jatkuvasti tarkkaavaisuuteen niin, että *dosia* ja ranskalaisia perunoita ei paisteta liian pitkään. Ohjelmahalli täyttyy pienistä lapsista, pojista ja tytöistä, kaikenikäisistä naisista ja miehistä joka puolelta maailmaa. Jotkut paistavat *dosia*, toiset ranskalaisia perunoita.

Kaikki yleisöstä ovat innokkaita osallistumaan tapahtumaan. Innostus johtaa joskus pieniin kurinpitovaikeuksiin etenkin pienten lasten kohdalla. Amma pyytää heitä rakkaudellisella ja hellällä tavalla olemaan tulematta liian lähelle kiehuvan kuumia pannuja. Jos he eivät kuuntele, hän korottaa hieman ääntään. Näet Amman yrittävän rauhoitella lapsia, ja seuraavassa hetkessä hänen huomionsa kohdistuu kokkeihin, joille hän antaa ohjeita. Ja kaikki tämä tapahtuu samalla, kun hän tekee *dosia* tai leikkaa perunoita.

Toukokuussa on kesä yhä kuumimmillaan Keralassa, ja ohjelmahallia ei ole ilmastoitu. Sen vuoksi lämpötila hallissa kohoaa korkeaksi. Päivällä kerääntyneen lämmön lisäksi hallia lämmittävät nyt kaasuliesien kuumuus, savu ja tuli, kiehuva öljy ja kuumat dosapannut. Suuri väkijoukko pahentaa tilannetta. Temppelihallista tulee käytännössä uuni. Mutta ilmassa on niin paljon riemua ja juhlan tuntua, että kukaan ei todella välitä kuumuudesta.

Ruoanlaiton edistyessä Amma aloittaa tarjoilun. Jokainen saa pari *masala dosaa* ja riittävän määrän ranskalaisia. Amma tarjoilee ne jokaiselle omakätisesti, pienet lapset mukaan lukien. Jopa tarjoillessaan ruokaa Amma tarkkailee huolellisesti toimituksen jokaista yksityiskohtaa. Jos jollakin lautasella on vähän vähemmän ranskalaisia tai *dosa* on vähän pienempi kuin edellisellä, Amma huomaa sen ja lähettää kesken tarjoilun lautasen takaisin pyytäen lisää. Täten sekä laatua että määrää tarkkaillaan ja niistä huolehditaan tunnontarkasti. Lapset, pojat ja tytöt, vanhukset, ne, joilla on ruoansulatus- tai muita vaivoja – he kaikki saavat kukin omanlaisensa lautasen riippuen heidän iästään ja ruokahalustaan. Tällä tavoin taataan jätteettömyys.

Tämä jätteettömyyspolitiikka on tavanomaista Amman eri laitosten kaikilla alueilla. "Ei jätteitä" on eräs Amman suosima motto. Johtamisen tai hallinnoinnin jokaisella alueella on merkitystä, ja hänen jatkuva mielenkiintonsa kohdistuu myös tähän alueeseen. Amma sanoo: "Muistakaa aina ne miljoonat ihmiset, jotka joutuvat köyhyyden ja nälänhädän keskelle. Ajatelkaa heidän kärsimystään, heidän surullisia kasvojaan. Tuhlatessasi murusenkaan ruokaa riistät heiltä sen, minkä he tosiasiassa ansaitsevat. Ja kun otat enemmän kuin tarvitset, tosiasiassa varastat heiltä sen, mikä heille oikeudenmukaisesti kuuluu."

Dosien ja ranskalaisten perunoiden juhlan lähetessä loppuaan Amma johtaa muutaman laulun. Tuhansien ihmisten istumista ahtaasti vieri vieressä lähes jokaisen kylpiessä kuumuuden aiheuttamassa hiessä pidettäisiin normaalitilanteessa fyysisenä kärsimyksenä. Täällä kuitenkin jokainen henkilö iästä, sukupuolesta kulttuurista, uskonnosta, kansallisuudesta ja kielestä riippumatta nauttii kokemuksesta juurta jaksain. Ilmapiiri on todella täynnä juhlan tuntua. Kukaan ei välitä epämukavuudesta.

Ruoan laittaminen tuhansille ihmisille, määrän ja laadun valvonta sekä tarjoilu samassa paikassa ei ole helppo tehtävä.

Mutta tässä nähdään, kuinka työnteko muodostuu palvonnaksi, juhlahetkeksi. Ihmiset ovat täynnä iloa. Tämän seuraaminen on kuin mitä lumoavimman tanssiesityksen seuraamista.

Kokonaisuus voidaan summata yhteen lauseeseen: "Asiat ovat siten kuin sydän on."

Tarinan opetus on, että tehdessäsi *dosia*, ranskalaisia perunoita tai pizzaa on tärkeää olla hyvä kokki. Kun olet lastesi kanssa, ole hyvä isä tai äiti. Kun puhut, ole hyvä puhuja, mutta kun toiset puhuvat, anna heidän puhua ja ole myös hyvä kuuntelija. Ja kun olet toimistossa, ole loistava johtaja. Tutki johtamista sekä mikro- että makrotasolla. Tässä ei ole mitään uutta, yli-inhimillistä tai ihmeellistä. Näin elämää pitäisi vain johtaa. Ja näin juuri Amma tekee.

Rikas mies tuli tapaamaan suurta mestaria. Mestarin mökin edessä oli puutarha, missä hän näki miehen työn touhussa. Rikas mies kysyi häneltä: "Saanko kysyä, kuka olette?"

"Sehän on selvää. Olen puutarhuri."

"Näen sen. Olen tullut tapaamaan mestariasi."

"Ketä mestaria? Minulla ei ole sellaista."

Rikas mies ajatteli, että tälle miehelle ei kannattanut puhua. Saattaakseen keskustelun päätökseen hän kuitenkin kysyi: "Mutta sinä omistat tämän paikan, eikö niin?"

"Ehkäpä."

Rikas mies meni sisään mökkiin. Mökki oli jonkin matkan päässä portista, ja ulko-ovi oli auki. Sisällä mökissä istui sama puutarhuri tyynenä ja rauhallisena.

Rikas mies kysyi yllättyneenä: "Oletko sama mies, jonka tapasin portilla, vai oletko hänen kaksoisveljensä?"

"Ehkä", sanoi 'puutarhuri'.

"Kuka tekee puutarhatöitä?"

"Kukapa muukaan kuin puutarhuri?"

Nähtyään rikkaan miehen pulmatilanteessa mestari sanoi:
"Ei tarvitse hämmentyä. Et nähnyt kahta identtistä ihmistä.
Sama ihminen teki kahta erilaista asiaa. Olen puutarhuri kun
teen puutarhatöitä, ja olen mestari, kun opetan oppilaitani. Jos-
kus pelaan golfia. Silloin olen täydellinen golfaaja. Mitä ikinä
teenkin, tulen siksi."

Juuri tätä Amma tarkoittaa sanoessaan: "Herätä sisäinen
lapsesi." Lapsi pysyy aina kokonaisena siirtyessään hetkestä
seuraavaan.

Kun rakkauden puhdas energia herättää lapsen sisälläsi,
et milloinkaan menetä kärsivällisyyttäsi. Lapsi, joka opettelee
kävelemään, ei koskaan menetä kärsivällisyyttään. Vaikka hän
kaatuisi kuinka monta kertaa, lapsen päättäväisyys ja usko eivät
kertaakaan horju. Jokaisen kaatumisen jälkeen hän saa lisää
voimaa ja palaa takaisin toimintaan.

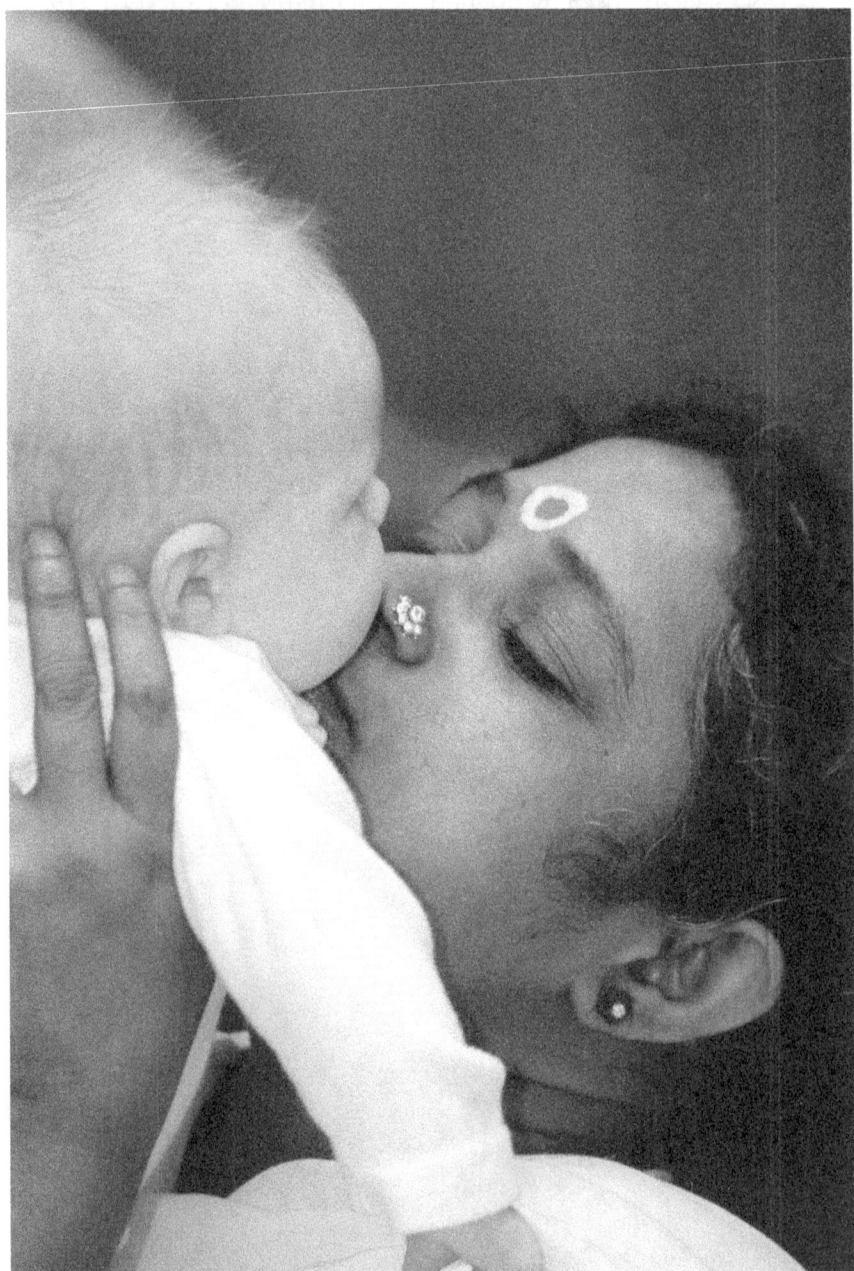

LUKU 12

Jälleen uusi "onnenpyramidi"

Luin hiljattain artikkelin, jonka oli kirjoittanut Justin Fox, Harvard Business Review Groupin päätoimittaja ja Time Magazinen liike- ja talouskolumnisti. Vaikka artikkeli oli lyhyt, se oli kirjoitettu miellyttävästi ja hyvällä maulla. Tarina avautui kuin eläinsatu. Kirjoittaja kertoi kohtaamisestaan johtamisen asiantuntijan, edesmenneen C.K. Prahaladin kanssa.

Kuukautta ennen Prahaladin kuolemaa Fox tapasi hänet New Yorkissa. Heidän keskustellessaan lounaalla Fox raapusteli paperille yhteenvedon ideoista, joista he olivat samaa mieltä. Foxin siistiessä reppuaan Prahaladin kuoleman jälkeen nuo sivut tulivat sieltä vastaan. Fox muotoili Prahaladin lounaalla esittämät ajatukset seuraavasti:

"1850-luvulla ompelukone maksoi yli 100 dollaria. Keskimääräisen amerikkalaisen perheen vuositulojen ollessa noin 500 dollaria tuote oli useimpien tavoittamattomissa, kunnes vuonna 1856 I. M. Singer Company esitteli osamaksusuunnitelman, jonka avulla ostajat saattoivat maksaa ostoksensa pitkän ajan kuluessa. Myynti kolminkertaistui sinä vuona. Singeristä tuli ensimmäinen amerikkalainen yhtiö, joka löi läpi maailmanlaajuisesti, ja sen osamaksuasiakkaat näkivät elämänsä kohentuneen ja rikastuneen. Hän muotoili sen aforismiksi: 'Jos rakennat köyhille, rikkaat voivat tulla. Jos rakennat rikkaille, köyhät eivät voi tulla.' Hän kutsuu tätä aarteeksi pyramidin pohjalla, innovatiiviseksi kaupankäyntimalliksi. Hänen esittelemänsä kaupankäyntimallin idea oli pohjimmiltaan: 'Tienaa rahaa varustamalla eniten tarvitsevia maailmassa.'" Justin Foxin kirjoittaman artikkelin nimi oli

"Aarre reppuni pohjalla", joten se muistutti kovasti Prahaladin kirjan nimeä "Aarre pyramidin pohjalla". Artikkelin nimi leikitteli tarkoituksella Prahaladin kirjan nimellä ja vihjasi repusta löytyneiden raapusteltujen muistiinpanojen arvoon.

Kuinka oikeassa on lause, jossa pohditaan köyhille rakentamisen tärkeyttä, jotta rikkaat voisivat saapua?

Ammalla on hyvin erilainen näkökulma. Hän muuttaa rikkaita, jotta nämä voisivat palvella köyhiä. Amma sanoo: "Jos maailmamme rikkaat kehittävät myötätuntoisen elämänkatsomuksen, köyhät hyötyvät siitä paljon. Koska rikkailla on valtavia omaisuuksia ja tarvittavat resurssit, he haluavat varmasti auttaa kärsiviä ihmisiä, jos vain kykenevät muuttumaan." Amma luo tämän muutoksen niissä, joilla on, ja heidän kauttaan hän auttaa niitä, joilla ei ole.

Amma sanoo: "Maailmassa on kahdenlaista puutetta. Yksi on rakkauden ja myötätunnon puute. Toinen on vaatetuksen, ruoan ja asuntojen puute. Jos kehitämme rakkautta ja myötätuntoa, alamme luonnollisesti antamaan toisille ruokaa, asuntoja, vaatteita ja niin edelleen, ja siten pelastamme heidät. Sen vuoksi rakkauden puute on suurin vihollisemme ja siitä on hankkiuduttava eroon." Amman päätarkoitus hänen ollessaan vuorovaikutuksessa ihmisten kanssa ja heitä syleillessään on herättää puhdas rakkaus ja myötätunto heidän sisällään.

Muinaisten tietäjien löytöihin pohjautuen on myös Ammalla tarjottavana "pyramidin aarre"-malli. Tämän pyramidin aarre on paljon korkeammalla tasolla sen tarjotessa sisäisiä rikkauksia, joita mikään ulkoinen aarre ei pysty tarjoamaan. Eräs erikoislaatuinen piirre tämän hienosti toimivan mallin aarteessa on se, että se antaa mittaamatonta iloa ja tyytyväisyyttä, vaikka emme omistaisi mitään. Toinen suuri hyöty, joka tämän aarteen hankkimiseen sisältyy, on se, että se tekee sekä onnistumisemme että epäonnistumisemme hetkistä juhlahetkiä.

Älä ymmärrä väärin ja luule, että tämä malli johtaisi mene-tyksiin, epäonnistumisiin ja vararikkoihin. Ei se johda. Sen sijaan se vie meidät sekä materiaalisiin että henkisiin korkeuksiin. Myös tässä "pyramidimallissa" pyramidin pohjalla on aarre. Amma sanoo: "Aivan kuten pyramidiin, inhimilliseen elämään sisältyy neljä puolta: *dharma, artha, kama* ja *moksha* – hyveen tavoittelu, rahan tavoittelu, mielihyvän tavoittelu ja vapautuksen tavoittelu." Näistä neljästä muodostuu elämän peruskivet. Ne ovat välttämättömiä yksilön selviämisen kannalta. Ansaitse rahaa ja nauti iloista, mutta universumin lain, *dharman,* mukaisesti. Ole sopusoinnussa tämän lain kanssa. Tämä johtaa sinut kestävään onnellisuuteen ja täydelliseen vapauteen.

Vertaa näitä kahta pyramidimallia keskenään. Havaitset muinaisten tietäjien mallin olevan huomattavan paljon kykenevät muuttumaan, koska materiaalisten voittojen lisäksi saavutamme myös häiriintymättömän ja rauhallisen mielentilan.

Ron Gottsegen oli menestyvä ja vakavarainen liikemies, kun hän tapasi Amman tämän ensimmäisellä USA:n vierailulla 1987. Hän oli perustanut Radionics-nimisen osakeyhtiön, joka valmisti digitaalisia hälytysjärjestelmiä. Tosiasiassa hän on ensimmäisen ohjelmoitavan sähköisen turvajärjestelmän keksijä. Hän itse kertoo: "Olin jo toteuttanut tarpeeni saada näyttää, että pärjään omillani ja että olen perheestäni riippumaton. Liike-elämä ei enää ollut haaste. Taloudellinen menestys oli tullut minulle melko nopeasti ja helposti, vaikka se ei ollutkaan tavoitteeni. Talou-dellinen menestys ei muuttanut elämäntyyliäni. Olin tavoitellut luovaa ilmaisua rakentaessani laatuyhtiötä, josta tuli tunnettu markkinajohtaja. Romanttiset suhteet eivät olleet milloinkaan tyydyttäviä vaan ne aiheuttivat aina epämukavuutta – jopa siinä määrin, että olin mieluummin yksin. Mutta en ollut milloinkaan emotionaalisesti kypsä, koska en ymmärtänyt todellista luontoani.

Olin eronnut 15 vuotta aikaisemmin ja olin ollut ensisijainen huoltaja kahdelle pojalle näiden tultua 11 ja 13 vuoden ikään."

Amman tapaaminen oli suuren muutoksen alku Ronille. Hänen elämänsä avautui vähitellen, kunnes hän saavutti oivalluksen. Hän sanoo: "Oletan elämäni kohtalon olleen säädetty ennalta, mutta minusta tuntuu, että nuo ensimmäiset 40 vuotta elämästäni toivat minut pisteeseen, jossa ymmärsin, että tavanomaiset materiaaliset arvot ja elämän asettamat ansat eivät ole lainkaan loistokkaita."

On parasta kertoa tarinan loppuosa Ronin omin sanoin: "En milloinkaan kyennyt pääsemään syvälle suurempaan ymmärrykseen asioista, parantamaan mielen vanhoja haavoja, enkä nollaamaan mielen ja toiminnan tavanomaisia muotoja keskittyneen tyyneyden maadoitetuksi tilaksi. Mutta seuraavien 26 vuoden aikana, jotka olin yhteydessä Ammaan, kykenin syventämään ymmärrystäni, pääsemään eroon irti vanhoista tavoistani ja vahvistamaan hyviä tapoja. Mikä tärkeintä, kaikkein eniten minua on muuttanut Amman päämäärien rakkaudellinen palvelu, koska se syventää intuitiotani ja sallii viisauden tulla esiin. Uskoni ja vakaumukseni lujittuessa sisäinen voimani ylsi lopulta ilon tilaan. Tämä on hyvin tuottoisa kausi minulle henkilökohtaisesti. En tiedä, mitä tulevaisuus tuo tullessaan, mutta sillä ei ole väliä, koska tunnen konkreettisesti olevani virrassa. Tulen ikuisesti olemaan kiitollinen siitä, mitä minulla on ja mitä yhä saan."

Kiihkeä halumme ansaita lisää ja lisää rahaa, tämä kyltymätön ahneus, on merkki sisäisestä hienommasta halustamme laajenemiseen. Vaikka se ilmenee mielihaluna hankkia omaisuutta, on se todellisuudessa ilmaisu oman Itsemme luonteesta, joka on onnellisuus. Etsimme onnellisuutta ulkopuoleltamme, mutta tosiasiassa onnellisuus on sisällämme. Sen vuoksi emme milloinkaan tule olemaan todella onnellisia pelkkien materiaalisten saavutustemme ansiosta.

Raha ja onnellisuus voivat elää rauhanomaista rinnakkaiseloa. Yksikään uskonnollisista teksteistä tai pyhistä kirjoituksista, ei ole ollut rahaa vastaan. Tätä käsitystä on selvitetty eloisasti eräässä tärkeimmistä Upanishadeista, Taittiriya Upanishadissa. Teksti puhuu neljän asian hankkimisesta: vaurauden, mielen puhtauden, tiedon ja oppilaiden.

Vauraus on ensimmäisenä listalla, mutta Upanishadin sanamuoto on: "Sen jälkeen, tuokaa minulle Lakshmi Devi (vaurauden jumalatar)." Ilmaisu "sen jälkeen" tarkoittaa tässä "viisauden saavuttamisen jälkeen". Rahan tulisi tulla vasta sen jälkeen, kun on saatu tieto dharmasta (hyvää elämää koskevista säännöistä), koska muuten raha johtaa rappioon ja pahaan. Iso ongelma etenkin rikkaissa maissa on, ettei tiedetä, mihin rahaa tulee käyttää ja mihin rahaa ei tule käyttää. Tämä teksti antaa aiheesta selvät ohjeet.

Edellä mainittu järjestys on merkityksellinen. Ensin on ansaittava rahaa elämiseen sekä toimimiseen meille osoitetulla alueella. Pyydämme siis vaurautta käyttääksemme sitä yhteiskunnan hyvinvointiin. Meidän tulisi kuitenkin saavuttaa oikea ymmärrys ja viisaus sen suhteen, kuinka rahaa käytetään oikeisiin tarkoituksiin. Rahan käyttäminen epäitsekkäästi, yhteiskunnan parhaaksi, johtaa puhtaaseen mieleen. Puhtaalla mielellä meidän tulisi hankkia todellista tietoa elämästä, elämän korkeammasta päämäärästä. Ja lopuksi meidän tulisi opettaa toisia säilyttämään oikeamielisyyden perinne, dharma.

Dharman tuntemus tekee Ammasta ainutlaatuisen johtajan. Hänen politiikkansa on: "Anna jokainen ansaitsemasi penni takaisin yhteiskunnalle. Palauta se maksimikorolla. Tämä pitää meidät aina täytenä." Hän noudattaa opetuksiaan. Jopa hänen fyysisestä kehostaan on tullut uhrilahja yhteiskunnalle. Hänen omia sanojaan lainaten: "Ruumis hajoaa jonakin päivänä. Siksi pidänkin parempana kuluttaa sen loppuun uhraten itseni maailmalle kuin ruostua tekemättä mitään hyvää yhteiskunnan kohottamiseksi. Suurin tragedia ei ole kuolema, vaan se, että sisäiset kykymme ruostuvat käytön puutteessa. Koska kaikki on lahjaa maailmankaikkeudelta, emme voi todella vaatia omaksemme mitään. Parhaassa tapauksessa voimme lahjoittaa ne takaisin universumille niin, että kehostamme, mielestämme, älystämme ja omaisuudestamme tulee hyviä käyttövälineitä ihmiskunnan palvelemiseksi kokonaisuudessaan."

Edesmennyt Yolanda King, Martin Luther Kingin tytär sekä Martin Luther King, Jr. Centerin johtaja oli suuri Amman ihailija. Hän sanoi Ammasta: "Ihailen Ammassa eniten sitä, että hän ei vain puhu ja ole pyyteettömän rakkauden ruumiillistuma, vaan hän myös ilmaisee sen rakkauden toiminnassaan. Hän toimii niin kuin puhuu! Amma on se muutos, jonka hän haluaa maailmassa nähdä."

LUKU 13

Kunnioituksen voima

Kuten savu peittää tulen ja pöly hämärtää peilin, ja kuten sikiö lepää syvällä kohdussa, samoin piilottaa itsekäs mielihalu viisauden.

— Bhagavad Gita

Ei tuli, ei vesi, eikä tuulikaan voi tuhota hyvien tekojen antamia siunauksia, ja siunaukset valaisevat koko maailman.

— Buddha

Jotkut ihmiset muistetaan julmuudestaan ja epäinhimillisestä toiminnastaan, kun taas toiset muistetaan järkähtämättömästä rohkeudestaan ja isänmaallisuudestaan. Muutama muistetaan siitä, että he ovat esimerkillään näyttäneet, millaisia ovat hyvän johtajan ominaisuudet. Mutta harvassa ovat ne, jotka muistetaan maailmaa opastavana valona, hyvän kierteen luojina, pelottomasta asenteestaan ja rakkaudestaan koko ihmiskuntaa kohtaan. Sen enempää ihmiset kuin ajan kuluminenkaan ei voi tuhota heidän mainettaan ja loistokkuuttaan.

Kuten Bhagavad Gitassa osuvasti sanotaan:

Loistava on hän, joka on samaa mieltä hyväsydämisten, ystävien, vihollisten, välinpitämättömien, neutraalien, vihamielisten, sukulaisten, oikeamielisten ja väärämielisten kanssa.

Kestävän vaikutuksen luominen ihmisten sydämiin sekä kunnioituksen ja inspiraation perinnön jättäminen jälkipolville ei

141

ole helppo tie kulkea. Jos se olisi helppo tie, lukuisat ihmiset olisivat iloisesti kuljeskelleet sitä pitkin. Sen sijaan se on ankara tapa elää. Sitä kulkeva kohtaa enemmän epäonnistumisia ja kritiikkiä kuin onnistuneita ja onnellisia hetkiä. Keskinkertaisuudet eivät milloinkaan tule ymmärtämään niin laajakatseisia ja anteeksiantavaisia ihmisiä. Nämä loistavat esimerkit on aina kuljetettu nöyryyttävien tilanteiden läpi. Mutta heidän näkemyksensä elämästä ja seuraamansa arvojärjestelmä pysyvät vakaina ja vankkumattomina kuin mahtava vuori. Siten jokainen yksittäinen haaste, jonka he joutuvat kohtaamaan, syventää heidän luottamustaan ja vahvistaa heidän tekojaan, mikä mahdollistaa heidän elämäntehtävänsä täyttämisen.

Amma sanoo: "Koulutus, tiedon hankkiminen, tiede ja teknologia voivat auttaa meitä pääsemään ennalta arvaamattomille kehitysasteille, mutta on katastrofaalista, jos tuloksena on mieleltään ja tunne-elämältään kypsymätön sukupolvi, jolta puuttuu arviointikyky ja kunnioitus. Jos minulta kysytään: 'Kumpi on tärkeämpää, oikeudet vai kunnioitus?', vastaan: 'Oikeuksien vaatiminen toista kunnioittaen on kaikkein tärkeintä.' Omien oikeuksien puolustamisella ilman kunnioitusta toisia kohtaan onnistumme vain kasvattamaan egoamme. Jos vaadimme oikeuksiamme kunnioittavasti, niin rakkautemme, ymmärryksemme ja luottamuksemme luo sillan toisiin ihmisiin. Kun lähestymme toisia kunnioituksella, joka pohjautuu lujasti keskinäisten erojemme syvään ymmärrykseen ja hyväksymiseen, keskustelusta tulee aitoa vuoropuhelua."

Vuonna 2001 maanjäristys vavisutti läntistä Gujaratia Intiassa. Kaksikymmentätuhatta ihmistä kuoli, ja suurin osa henkiinjääneistä menetti kotinsa. Järjestömme vastasi tilanteeseen adoptoimalla kolme kylää Bhujin syrjäisellä alueella. Kun saavuimme, ihmiset pelkäsivät, että yrittäisimme vaikuttaa heidän kulttuuriinsa, uskontoonsa ja elämäntyyliinsä. Selitimme kärsivällisesti, että tahdoimme jälleenrakentaa heidän kylänsä aivan heidän toivomustensa mukaan. Päädyimme rakentamaan 1200 kotia uhreille, kuten myös temppeleitä, moskeijoita, kirkkoja ja muita tiloja jumalanpalveluksiin.

Kolme vuotta myöhemmin, vuoden 2004 Kaakkois-Aasian tsunami sai Arabianmeren tulvimaan järjestöämme ympäröiville maa-alueille. Heti kuultuaan siitä sadat ihmiset Bhujista panivat syrjään kaikki kulttuuriset ja uskonnolliset erot ja ryntäsivät auttamaan uhreja. Kun toimittajat kysyivät heiltä, miksi he olivat tehneet pitkän matkan Pohjois-Intiasta Etelä-Intiaan saakka, he vastasivat: "Kun itse kohtasimme kärsimystä ja menetystä, Amman järjestö ei yrittänyt muuttaa kulttuuriamme, uskontoamme tai elämäntapaamme. He antoivat meille myötätuntoisesti sen, mitä pyysimme. Olemme ikuisesti kiitollisuudenvelassa."

Keralalaisiin verrattuna näillä ihmisillä oli täysin erilaiset perinteet, ruokailutavat ja elämäntavat. Se tosiasia, että järjestömme tunnusti heidän perinteensä ja kunnioitti niitä, innoitti heitä tekemään yhteiskunnalle vastapalveluksen täydestä sydämestään. Sen jälkeen nämä kyläläiset Bhujista ovat saapuneet paikalle auttamaan vapaaehtoisiamme aina, kun Intiassa on ollut luonnonkatastrofi.

Meillä on ollut samanlaisia kokemuksia eräissä muissakin heimoyhteisöissä Keralassa ja muissa osavaltioissa. Järjestömme vapaaehtoiset ovat menneet näihin heimokyliin, asuneet heidän kanssaan, ja saavuttaneet heidän luottamuksensa. Olemme saattaneet myös ymmärtää heidän ongelmiaan ja auttaa heitä löytämään ratkaisuja. He ovat olleet niin liikuttuneita siitä, että autamme heitä samalla kun kunnioitamme heidän elämäntapaansa, että myös he haluavat antaa jotakin yhteiskunnalle. Niinpä he ovat alkaneet kasvattaa ylimääräisiä vihanneksia ruokkiakseen köyhiä.

Lainaan jälleen Ammaa: "Sokeritautiselle ei riitä pelkkä insuliinin ottaminen. Hänen on opittava myös syömään oikein ja kuntoiltava pitääkseen verensokerinsa hallinnassa. Samoin, vaikka hallitukset pyrkivät vähentämään köyhyyttä, keskittyminen pelkästään fyysisiin tarpeisiin – ruokaan, rahaan ja asuntoon – ei ole riittävää. On pantava painoa myös hengen ravitsemiselle. Rakkaus on ravintoa sielulle. Missä on rakkautta, siellä on kunnioitusta. Rakkauden, myötätunnon ja anteeksiannon puute on syynä 90 prosenttiin nykymaailman ongelmista. Kuten keho tarvitsee ruokaa kasvaakseen, tarvitsee sielu rakkautta kasvaakseen ja avautuakseen. Sellaisesta rakkaudesta seuraa kunnioittava asenne. Vain tätä toivomme tulevaisuudelta."

Eräs muinainen teksti sanoo:

Matru Devo Bhava, Pitru Devo Bhava,
Acharya Devo Bhava, Athiti Devo Bhava.

Pidä äitiä Jumalana. Pidä isää Jumalana.
Pidä opettajaa Jumalana. Pidä vierailijaa Jumalana.

Eräät yksityiset lentoyhtiöt Intiassa kutsuvat matkustajiaan "vieraiksi" luoden siten vieraanvaraisen ilmapiirin. Kun kutsumme vieraita kotiimme, vieraanvaraisuuteen kuuluu kohdella heitä rakkaudellisesti ja kunnioittavasti, eikö vain? Kuvitellaanpa nyt seuraavaa. Riippumatta siitä, pyöritämmekö liiketoimintaamme vuokratiloissa vai omistamissamme tiloissa, ovat tilat meidän. Vaikka tiloissamme olevat työntekijät ovatkin palkattuja, eivätkö he olekin vierainamme? Me olemme kutsuneet heidät, vaikka kutsukirjeenä toimiikin työsopimus. Jos tarkastelemme tilannetta tästä näkökulmasta, eikö meidän tulisikin kohdella kaikkia työntekijöitämme kunnioituksella ja rakkaudella? En ole ehdottamassa, että päivittäin olisi järjestettävä viihdettä, hauskanpitoa ja kokoontumisjuhlia, ja että yhtiöiden johtajien tulisi pitää joka päivä syväluotaavia vuorovaikutussessioita johtajien ja työntekijöiden kanssa. Tarkoitan sanoa, että meidän tulisi yrittää arvostaa tiimiemme jäsenten mukanaoloa yhtiössä, eikä vain nähdä heidät maksettuina ja taitavina työntekijöinä. Ilmaise heille aina tilaisuuden tullen kiitollisuutesi siitä, että he ovat tiimissä, leveän sydämellisen hymyn ja muutaman arvostavan sanan kera. Rakkaudellinen kysymys heidän perheensä hyvinvoinnista voi tehdä suuren vaikutuksen.

Näen tätä Amman elämässä laajemmassa mittakaavassa. Olen seurannut, kuinka valtavissa ihmisjoukoissakin Amma ilmaisee huolensa joukosta yleisesti, ja erityisesti sairaista ja vanhuksista. Amman aloitettua henkilökohtaisen vuorovaikutuksensa ohjelmaan saapuneiden ihmisten kanssa hän kysyy lähellään työskenteleviltä ihmisiltä heti ensimmäiseksi: "Varmistitteko, että vanhuksista ja sairaista huolehditaan hyvin jonossa? Pyytäkää vapaaehtoisia tuomaan heidät tänne etuoikeutettuina. Antakaa heille ruokaa ja pyytäkää heidän sukulaisiaan antamaan heille lääkkeet oikeaan aikaan, etenkin jos he ovat diabetes- tai verenpainepotilaita. Myös pienten lasten kanssa olevien äitien on päästävä tänne etuoikeutettuina." Enimmäkseen hän tarttuu mikrofoniin ja kuuluttaa nämä asiat itse. Ja jos päivällä on liian kuuma tai yöllä liian kylmä, hän antaa heti ohjeet peittää alue auringolta tai laittaa lämpölamput päälle.

Jim Sinegal, *Costcon* perustaja, entinen toimitusjohtaja ja presidentti, joka ennen eläkkeelle jäämistään teki yhtiöstä USA:n kolmanneksi suurimman vähittäismyyntiketjun, oli tunnettu työntekijöidensä reilusta kohtelusta. Hän loi mallin, jossa työntekijöitä palkittiin upeasti, vaikka kilpailijat leikkasivat etuja. Costco tunnetaan siitä, että se maksaa varastotyöntekijöille keskimääräistä suurempaa palkkaa. Tuloksena on työntekijöiden vähempi vaihtuvuus, alemmat koulutuskustannukset ja yrityksen perheenomainen ilmapiiri. Uusien työntekijöiden värväämiseen ei tarvita paljoakaan resursseja nykyisten työntekijöiden levittäessä mielellään sanaa perheelle ja ystäville. 68 prosenttia henkilökunnasta on työterveyshuollon ja muiden etujen piirissä, vaikka puolet heistä onkin osa-aikaisia. Keskipalkka on 19 dollaria tunnissa. Eikä Costco vähentänyt laman aikana työvoimaansa. "Asia on todellakin melko yksinkertainen. Sellainen toiminta on hyvää bisnestä. Kun palkkaat hyviä ihmisiä ja tarjoat heille hyviä työpaikkoja, hyvää palkkaa ja hyviä työuria, tulee hyviä asioita tapahtumaan", Sinegal sanoo. "Yritämme viestiä laadusta kaikessa, mitä teemme, ja uskomme, että se alkaa ihmisistä. Laatumielikuvista ei ole juurikaan hyötyä, liittyivätpä ne sitten tiloihin tai tavaroihin, jollei sinulla ole todellisia laatuihmisiä pitämässä huolta asiakkaista."

Sinegal oli hyvä esimerkki nöyryydestä. Costcon pääkonttori sijaitsee Issaquahissa, Washingtonissa, ja hänen oma toimistonsa oli sen käytävällä. Hänellä ei ollut sulkeutuvaa ovea, ei edes lasiseinää erottamassa häntä muusta henkilökunnasta. Kuka tahansa sai tulla ja ryhtyä juttusille hänen kanssaan, milloin tahansa. Hän kertoi myös matkapuhelinnumeronsa kaikille, vaikka suurimmalle osalle toimitusjohtajista on soitettava sihteerin välityksellä. Sinegal ei piileskellyt väliportaan esimiesten muurin takana. Vaikka hän ohjasi 76 miljardin vähittäismyynti-imperiumia, hän oli rehellinen, avoin ja maanläheinen. Hänen työpöytänään toimi halpa Formica-päällysteinen taiteltava pöytä – eräs Costcon myyntiartikkeleista. Hän ei turhia koreillut. Mutta kaikkein tärkeintä oli luultavasti se, että koska hän arvosti työntekijöitään ja asiakkaitaan niin paljon, hän kuunteli jatkuvasti tarkalla korvalla, kuinka voisi palvella heitä.

Ajanhallintaan liittyy kysymys: Kuinka voimme löytää nykyajan kiireisessä elämässä aikaa osoittaa aitoa kunnioitusta ja välittämistä kaikkia niitä kohtaan, joiden kanssa työskentelemme? Amma on eräs kiireisimmistä ihmisistä maailmassa. Hän tekee seitsemän päivää töitä viikossa, 365 päivää vuodessa. Hän tekee töitä kellon ympäri pitämättä ainoatakaan vapaapäivää. Jopa siirryttyään huoneeseensa yöllä kaikkien niiden tuntien jälkeen, joiden aikana hän on ottanut vastaan ihmisiä, hän yhä löytää aikaa lukea kaikki hänelle lähetetyt kirjeet, soittaa puheluita erilaisissa hyväntekeväisyyshankkeissa työskenteleville vapaaehtoisille sekä suunnitella uusia projekteja ja keskustella niistä.

Kypsyydellä ei ole mitään tekemistä iän kanssa. Kypsymistä tapahtuu vain jos selvitämme oikeanlaisen mietiskelyn kautta toisiin ihmisiin liittyvät ajan saatossa kertyneet epämieluisat tunteemme. Vietä joka päivä jonkin aikaa muistellen loukattuja tunteita ja parantumattomia haavoja, joita joku läheisesi tai muu ihminen on sinulle aiheuttanut. Kuvittele mielessäsi tämä ihminen, ja kuvittele myös pitelEväsi kaunista ja tuoksuvaa ruusua. Kuvittele sitten, että kukan kauneus täyttää sydämesi ja sielusi. Anna kukka heille rukoillen: "Avautukoon elämäni kuin tämä kukka", ja sano: "Annan teille anteeksi. Pyydän, että annatte minulle anteeksi, jos olen tehnyt väärin teitä kohtaan."

Viisaus herää vähitellen, kun voitamme negatiiviset tunteemme sisäistämällä ne. Tämä menneisyyden yläpuolelle nouseminen on kypsyyttä. Jos tätä muutosta ei tapahdu, me vain vanhenemme. On kuitenkin hölmöä jäädä odottamaan viisauden ja kypsyyden kehittymistä. Se voi tapahtua paljon varhaisemmassa vaiheessa, jos siihen on halu. Kuten Amma sanoo: "Kuten käymme koulua lastentarhasta lähtien ja syömme ja nukumme, samoin arvojen omaksumisesta ja harjoittamisesta tulisi tulla keskeinen osa elämäämme."

Vain kypsä johtaja kykenee osoittamaan kunnioitusta tiimilleen ja rakastamaan heitä. Kunnioitus ja aito huolenpito ovat kaksi keskeistä ominaisuutta, jotka hyvällä johtajalla tulisi olla. Monella nuorella johtajalla on erinomaisia ideoita. He ovat uskomattoman eloisia ja innostuneita. Heillä on taito muuttaa koko maailma. Mutta heillä tulisi olla myös kunnioitusta toisia kohtaan. Valitettavasti epäkunnioitus on monen nuoren tavaramerkki.

Amma sanoo: "Todellisuudessa nuoruus on elämän keski-
kohta. Nuoret eivät ole lapsia eivätkä aikuisia. Heillä on usko-
maton energia. Jos se kanavoidaan oikein, he voivat kouluttaa
mieltään tarpeen mukaan ja kytkeytyä siten äärettömään energi-
aan, joka on saatavilla nykyhetkessä. Valitettavasti se osa elämää,
jota kutsumme nuoruudeksi, on katoamassa. Nykymaailmassa
ihmiset siirtyvät lapsuudesta suoraan aikuisuuteen ilman kypsy-
mistä. Tämä kypsyyden puute estää rakkauden ja kunnioituksen
kehittymisen."

Shel Silverstein, kirjailija, taiteilija, sarjakuvataiteilija, dra-
maturgi, runoilija, esiintyjä, levylaulaja, Grammy-palkinnon
voittanut ja Oscar-ehdokkaana ollut lauluntekijä on kirjoittanut
lyhyen ja kauniin runon:

Pieni poika ja vanha mies

Pieni poika sanoi: "Joskus pudotan lusikkani."
Vanha mies sanoi: "Niin pudotan minäkin."
Pieni poika kuiskasi: "Kastelen housuni."
Vanha mies nauroi: "Niin teen minäkin."
Pieni poika sanoi: "Itken usein."
Vanha mies nyökkäsi: "Niin minäkin."
"Mutta kaikkein pahinta on se,", sanoi poika,
"että on kuin aikuiset eivät kiinnittäisi minuun huo-
miota."
Ja hän tunsi kädessään ryppyisen käden lämmön.
"Tiedän, mitä tarkoitat", sanoi vanha mies.

LUKU 14

Ahimsa käytännössä

"Koko maailma näyttää jakautuneen kahteen osaan. Toinen on hän, ja siellä on kaikki onni, toivo, valo; toinen on se, missä häntä ei ole, ja siellä on alakuloisuus ja pimeys."

— Leo Tolstoi, Sota ja rauha

Minun tulkintani Leo Tolstoin sanoista on, että "hän" viittaa feminiiniseen ja "se, missä häntä ei ole" maskuliiniseen. Tämä muistuttaa hinduismin Ardhana-reeswaran hahmoa, joka on puoliksi jumala ja puoliksi jumalatar koostuen maskuliinisesta ja feminiinisestä energiasta, jinistä ja jangista.

Sota ja rauha on objektiivisesta näkökulmasta nähtynä maailman luonne. Jos ulkoista konfliktia ei ole, vallitsee sisäinen konflikti. Sisäinen konflikti ilmenee ulkoisina konflikteina. Kyseessä on huono kierre. On epäkäytännöllistä harjoittaa *ahimsaa* (väkivallattomuutta) äärimmäisyyksiin saakka. Tosiasiassa tarvitsemme saavutettavissa olevaa väkivallattomuutta. Se on syvällinen periaate, mutta miten soveltaa tätä hienostunutta hyvettä käytäntöön niin, ettei se ole haitaksi toiminnallemme maailmassa? Emme tahdo ihmisten sanovan: "Ajatus on hyvä, mutta epäkäytännöllinen."

Sanoisin, että Krishna harjoitti kaikkein mielekkäintä ahimsan muotoa. Kurukshetran taistelukentällä käyty sota ei syntynyt hänen tai Pandavien veljesten valinnasta. Sodasta olivat vastuussa yksin Duryodhana veljineen näiden saatua ensin ohjausta ja suosituksia fyysisesti ja henkisesti sokealta isältään sekä pahansuovalta sedältään Sakunilta. Juonitellen ja käyttäen kieroja menetelmiä he ottivat itselleen kaiken, mikä oikeutetusti kuului Pandaville. He karkottivat Pandavat pois maasta ja yrittivät useaan kertaan jopa tappaa nämä viisi oikeamielistä veljestä.

Kun Pandavat palasivat takaisin vietettyään kolmetoista pitkää vuotta metsässä, heiltä kiistettiin säälimättömästi heidän kuningaskuntansa ja muut oikeudet. Krishna yritti parhaansa mukaan vakiinnuttaa rauhan osapuolten välille ja siten välttää sodan ja siitä seuraavan massiivisen tuhon. Kaikki hänen yrityksensä valuivat kuitenkin hiekkaan, kun pahansuopa Duryodhana julisti ylimielisesti: "Voin uhrata elämäni, rikkauteni, kuningaskuntani, kaikkeni, mutta en milloinkaan voi elää rauhassa Pandavien kanssa. En anna heille edes neulankärjellistä maata." Hän selitteli luonnettaan: "Tällaiseksi jumalat ovat minut tehneet.." Näin hän läimäytti kiinni kaikki ovet rauhan edestä ja armottomasti valitsi sodan. Jokaisen täytyy rikkauksistaan, vallastaan, ylimielisyydestään ja tiedostaan riippumatta korjata omien tekojensa hedelmät, ja Duryodhana todellakin teki niin oman armottoman kuolemansa kautta.

Onko meillä muuta vaihtoehtoa kuin taistella, jos meiltä kielletään se, mikä meille lain mukaan kuuluu? Tai jos joku on päättänyt tuhota meidät? Tai jos joku on heittämässä meidät ulos kaduille? Tai kiistämässä meiltä jopa oikeutemme elää? Jos sinua kohdellaan kaltoin joka suunnasta, mitä muuta voit tehdä kuin taistella oikeuksiesi puolesta, tapahtuipa se sitten 5000 vuotta sitten tai nykypäivänä? Kukaan tai mikään itsekunnioituksella varustettu yksilö, kansakunta tai kansainvälisen yhteisön valtio ei perääntyisi sellaisesta tilanteesta.

Mahabharatassa on voimakas ja käytännöllinen kuvaus tosielämän tilanteesta. Bhagavad Gitan kuvaus Krishnan antamasta ohjeistuksesta Arjunalle sotilaan velvollisuuksien täyttämisestä sijoittui keskelle taistelun melskettä. Mistään muualta ihmiskunnan historiasta emme löydä niin loistavaa esimerkkiä tyyneydestä kaaoksen keskellä.

Mahabharatan sota oli juuri alkamassa. Intensiivisen emotionaalisen kiintymyksen aiheuttaman ahdistuksen lyömänä Arjuna laski yhtäkkiä jousensa ja nuolensa ja kieltäytyi taistelemasta. Muistakaamme, että päättipä Arjuna käydä taisteluun tai ei, vihollinen oli joka tapauksessa päättänyt tuhota Arjunan, hänen veljensä, ja koko rodun. Tunteidensa vallassa Arjunasta tuli houreinen ja harhainen. Sen sijaan, että olisi täyttänyt velvollisuutensa kansansa ja kuningaskuntansa suojelemiseksi, hän ryhtyi filosofoimaan. Tällä äärimmäisen kriisin hetkellä Krishnan osaksi tuli ilmeisen mahdoton tehtävä auttaa Arjunaa nousemaan tilanteen yläpuolelle, iskostaa häneen uskoa ja rohkeutta taistella ja voittaa sota. Elämämme eri alueet ovat täynnä haasteita, jotka voivat johtaa meidät kokemaan samanlaista toivottomuutta kuin Arjuna kohtasi. Siksi on tärkeää, että meillä on Krishnan kaltainen johtaja.

Ahimsa tarkoittaa tietysti sitä, että ketään ei vahingoiteta sanoin tai teoin. Ahimsa on pidättäytymistä loukkaamasta ketään tietoisesti ja sisältää väkivallattoman asenteen omaa itseä kohtaan. Jotkut tulkitsevat jopa hedelmän poimimisen puusta *himsaksi*, väkivallaksi. Jos sellainen on väkivaltaa, saattaa puusta pudonneen kypsänkin hedelmän syöminen olla sitä, koska syömme monista hedelmä- ja vihanneslajeista myös siemenet. Kun syömme siemenet, emmekö tuhoa tai vahingoita kaikkia niitä kasveja, jotka olisivat voineet kasvaa siemenistä? Vaikka emme teekään sitä tietoisesti, emmekö tapakin lukemattomia eläviä olentoja kun kävelemme, puhumme, hengitämme, juomme tai syömme?

Ollessamme Amman kanssa ovat vapaapäivät harvassa. Niin Keralan päämajassa kuin eri puolille maailmaa suuntautuvilla matkoillakin Amman toimintatapana on antaa ihmisille mahdollisimman paljon. Tämä on ollut Amman käytäntönä viimeiset

40 vuotta. Seuraava tapaus sattui muutama vuosi sitten Sveitsissä. Silloin meillä oli harvinainen tilaisuus nauttia vapaapäivästä. Iltapäivällä Amma lähti kävelylle, ja muutama meistä lähti hänen mukanaan. Eräässä vaiheessa istuuduimme omenapuutarhan lähistölle. Omenatarhan omistaja oli myös kanssamme.

Päivä oli miellyttävä, kirkas ja aurinkoinen. Istuimme siellä hengittäen puhdasta ilmaa ja kokien sisäistä hiljaisuutta luonnon runsauden ympäröimänä. Sen jälkeen seurasi lyhyt keskustelu, kun joku kysyi, oliko maailman nykyisiin ongelmiin olemassa ratkaisua. Amma sanoi: "Yhdellä sanalla: rakkaus. Kahdella sanalla: rakkaus ja myötätunto. Jos näihin lisätään vielä kärsivällisyys, voimme ratkaista kaikki suurimmat ongelmat maailmassa. Salli näille ominaisuuksille suurin vaikutusvalta elämässäsi. Tosiasiassa riittää kun harjoittaa vain yhtä niistä; kaikki muut tulevat samalla."

Kun olimme lähdössä pois, Amma halusi yhtäkkiä antaa jokaiselle jotakin. Koska meillä ei ollut mitään muutakaan, joku ehdotti, että Amma poimisi muutaman omenan ja jakaisi ne. Amma nousi istuimeltaan ja käveli omenapuun luokse. Hän kosketti ja siveli puuta ensin lempeästi. Sitten hän kädet yhteen liitettyinä kumarsi puulle ja lausui nämä sanat: "Anna minulle anteeksi ja salli minun poimia muutama omena…" Hän odotti muutaman sekunnin kuin odotellen lupaa puulta, ja poimi sitten muutaman hyvin kypsyneen hedelmän. Ennen palaamistaan istumaan Amma kumarsi vielä kerran puulle.

Ennen lähtöä Amma otti joitakin kukan terälehtiä ja palvoi puuta, sekä kaatoi erään ryhmäläisen pullosta vettä puun juurille sanoen: "Halukkuutesi jakaa kaikki toisten kanssa tekee sinusta niin kauniin. Muistettakoon esimerkkisi, ja inspiroikoon se luoksesi tulevia." Eräässä puheessaan Amma mainitsi: "Luonnon suojelu, säilyttäminen ja ennen kaikkea palvonta oli osa monia muinaisia kulttuureja. Meiltä puuttuu kunnioitus ja ainutlaatuinen myötätuntoinen näkemys, jollainen esi-isillämme oli kaikkia elämänmuotoja kohtaan. Tämä on eräs suuri syy siihen, miksi yrityksemme luonnon säilyttämiseksi eivät aina onnistu." Todellinen ahimsa on rakkauden ylitsevuotavaisuutta myötätuntoisen toiminnan muodossa. Meillä on visionäärejä lähes jokaisella tiedon alueella. Se, mitä meiltä todella puuttuu, ovat ihmiset, joilla on "visionäärinen näkökulma" elämään, laajempi näkemys omasta työstään yhteisen hyvän edistämiseksi.

Myötätuntoinen johtajuus ei tarkoita asennetta: "Älä toimi. Pidä suusi kiinni ja niele kaikki nöyryytykset sekä sinulle ja muille tehdyt epäreilut teot." Paremminkin se on pelotonta asennetta, epätavallista kyvykkyyttä säilyä mieleltään valppaana ja valveilla kaikissa elämän tilanteissa. Oikean arvostelukyvyn, erottelukyvyn ja kypsyyden valo ei milloinkaan jätä myötätuntoista johtajaa.

Kun Amma alkoi vastaanottaa ihmisiä syleilemällä jokaista luokseen tulevaa, hänen omat perheenjäsenensä paheksuivat ja vastustivat sitä aluksi paljon. Tietystä näkökulmasta heidän paheksuntansa oli ymmärrettävää, koska heidän kulttuuriinsa ei kuulunut lainkaan sellainen, että nuori tyttö halaa kaikenikäisiä ihmisiä sukupuoleen katsomatta. He pelkäsivät, että se toisi häpeää ja peruuttamatonta vahinkoa koko perheelle ja kaikille sukulaisille. Eräs suuri huolenaihe oli, että perheen tyttöjä ei kosittaisi hyvämaineisista suvuista.

Kun kaikki yritykset saada Amma lopettamaan hänen "kummallinen käytöksensä" olivat epäonnistuneet, yksi hänen serkuistaan lukitsi hänet huoneeseen ja kohotti veitsen uhaten tappaa hänet, jos hän ei lopeta ihmisten halaamista. Amma pysyi tyynenä eikä taipunut tuumaakaan. Hän sanoi rauhallisesti: "Tapa minut, jos haluat. Mutta tapahtuipa mitä tahansa, en muuta käyttäytymistäni missään olosuhteissa. Tahdon antaa elämäni maailmalle ja lohduttaa kärsiviä ihmisiä, kunnes hengitän viimeisen henkäykseni. Antaudun tälle asialle täysin." Kuten Mahatma Gandhi osuvasti huomioi: "Syvästä vakaumuksesta tuleva 'ei' on parempi kuin 'kyllä', jonka tarkoituksena on vain miellyttää tai, vielä pahempaa, välttää vaikeuksia."

Kun joku on tuolla tavalla järkkymättömän rohkea ja peloton jopa kuoleman edessä, niin jopa hänet tappamaan valmistautunut henkilö tuntee yhtäkkiä itsensä heikoksi ja riisutuksi aseista, vaikka hän olisi kuinka ilkeä tahansa. Nähtyään Amman tahdonvoiman ja hänen sanojensa lujuuden, serkku oli järkyttynyt ja jätti huoneen äärimmäisen epätoivon vallassa.

Kuukausia myöhemmin serkun sairastuttua Amma vieraili hänen luonaan sairaalassa. Amma istui hänen vieressään, syötti häntä ja puhui hänelle ystävällisiä sanoja. Serkku oli täynnä katumusta. Amman käynti hänen luonaan ja rakastavat sanat auttoivat häntä avautumaan. Hän tunnusti virheensä ja pyysi Ammalta anteeksi. Amma sai hänet tuntemaan itsensä onnelliseksi ja rauhalliseksi. Vain peloton ihminen voi antaa anteeksi, ja anteeksiantavainen ihminen on aina peloton. Suoraan sanoen, kukaan ei voi olla hyvä johtaja ilman kykyä antaa anteeksi. Anteeksiantaminen on menneisyyden unohtamista.

Näemme tässä tapauksessa ainutlaatuisen esimerkin anteeksiantavaisuudesta ja pelottomuudesta. Täten, jos johtaja on kuin voimakas valo, joka valaisee kokonaisen kaupungin, seuraajat pyrkivät olemaan vähintään kuin kynttilöitä.

Vuoden 2004 tsunamin aikana Amma osoitti olevansa täysin peloton ihminen. Tsunamin keskellä jopa taitavat uimarit ja kalastajat, jotka usein suuntaavat syville vesille, osoittivat pelkoa. Amma sen sijaan suuntasi suoraan kohti tulvavesiä. Uusi aalto olisi voinut tulla milloin tahansa, mutta Amma ei ollut huolissaan vähimmässäkään määrin itsestään. Hän oli huolissaan vain muista ihmisistä.

"Älkäämme rukoilko varjelusta vaaroilta vaan pelottomuutta kohdatessamme niitä."

– Rabindranath Tagore

LUKU 15

Aggressiivisuus vai itsevarmuus

Maailmamme ei olisi yhtä katastrofaalisessa tilassa kuin se nykyisin on, jos isovanhempamme olisivat olleet tarpeeksi viisaita tehdäkseen oikeat päätökset. Omien virheidemme hedelmien lisäksi korjaamme myös heidän tekojensa satoa. Tämän todettuamme meidän tulee muistaa, että se, mitä teemme nyt, vaikuttaa vääjäämättä myös tuleviin sukupolviin. Selvästikään emme näytä hyvää esimerkkiä. Monet meistä eivät voi kuin ihmetellä: "Mitähän on odotettavissa tuleville sukupolville, lapsillemme ja lastenlapsillemme?"

Mieletön ylimielisyytemme on jo aiheuttanut korjaamatonta vahinkoa luonnolle ja ihmiskunnalle. Minne vain menemmekin, kohtaamme ihmisiä, joilla on "minä olen valittu"-asenne. Äskettäin värvätty poliisivirkailija tai tehtävään juuri nimitetty nuori johtaja voi ajatella: "Kuka sinä olet minua opettamaan?" Tällä asenteella eläviä ihmisiä ei ole vaikeaa löytää asiantuntijoiden, taiteilijoiden, ruumiillista työtä tekevien ja jopa henkisten etsijöiden ja uskonnollisten johtajien keskuudesta.

Niiden havaintojen mukaan, mitä minulla on ihmisten käyttäytymisestä, tässä maailmassa on kolmenlaisia egoistisia ihmisiä: tavattoman egoistiset ihmiset, diplomaattisesti egoistiset ihmiset, ja nöyrästi tai hienovaraisesti egoistiset ihmiset. Tavattoman egoistiset ihmiset on helppo tunnistaa. He yksinkertaisesti ilmentävät sitä. Se on heidän luonteensa. Sille ei ole paljoa tehtävissä, mutta ennaltaehkäiseviin toimenpiteisiin voidaan varmasti ryhtyä. Diplomaattisesti egoistisia ihmisiäkään ei ole vaikeaa tunnistaa. Aivan pinnan alla voimme nähdä heidän egonsa olevan valmiina tulemaan esiin. Nöyrästi egoistiset ihmiset eivät kuitenkaan ole helposti havaittavia. Heillä on lähes aina yllään naamio, joka estää heitä jäämästä kiinni. Heidän kommunikaatiotyylinsä, sananvalintansa, äänensävynsä ja ulkoinen olemuksensa pitävät sisällään ylitsevuotavaa nöyryyttä, mikä on hyvin petollista. Sellaiset hahmot ovat paljon vaarallisempia kuin ne, jotka ilmaisevat suoraan egonsa. Lisäksi, vaikka heidän egonsa on usein hienovarainen, on se samalla voimallisempi kuin egot kahdessa muussa ryhmässä.

Amma sanoo: "Ylimielisyys on kuin aamun kukkanen. Kasvissa oleva kukka ilmoittaa pää ylpeydestä pystyssä maailmalle: 'Katsokaa minua. Nähkää kauneuteni. Olen luomakunnan paras.' Auringonlaskun tullessa se on kuitenkin täysin lyöty ja uupunut. Esittämättä vaateita kukka pysyy pää painuksissa, kunnes se putoaa pois kasvista."

Ihmisen luonne on hänen sisäiseen järjestelmäänsä rakennettu. Eräät näistä voimakkaista taipumuksista, käyttäytymiskaavoista ja tavoista ovat myötäsyntyisiä, ja toisia on kehitetty tai vaalittu. Tieteen termein: "Se on henkilön geeneissä." Tilanteen ollessa tällainen, ulkopuolinen taho ei voi tehdä paljoakaan. Korjaus on tehtävä sisältä päin.

Peter Drucker sanoo: "Voidaksesi johtaa itseäsi, sinun täytyy lopulta kysyä itseltäsi: 'Mitkä ovat arvoni?' Etiikka vaatii sinua kysymään itseltäsi: 'Millaisen ihmisen haluan nähdä peilissä aamuisin?'"

Tosiasia on, että monien kyvykkäiden johtajien heikkoutena on arvostelukyvytön ylimielisyys. Asiasta tekee erityisen haasteellisen se, että kun henkilö suorittaa itsearvioinnin, hän näkee ylimielisen asenteensa miinuksen sijasta plussana. Johtaja, joka ei kykene hillitsemään ylimielisyyttään, menettää monia loistavia tilaisuuksia.

Olen nähnyt, kuinka Amma käsittelee ihmisiä, joilla on kyseinen mielen rakenne. Muutama vuosi sitten ollessamme Detroitin lentokentällä tapasin lentokentän aulassa miehen, joka työskenteli erään monikansallisen yhtiön ylemmässä johdossa Detroitissa. Hän oli matkalla perheensä kanssa Keralaan, jossa mies oli syntynyt ja kasvanut. Kävimme hänen kanssaan melko pitkän keskustelun, vaikka emme olleet koskaan aikaisemmin tavanneet. Keskustelu oli oikeastaan monologi, koska hän oli äänessä suurimman osan ajasta. Hänen tarinansa edetessä hän ylpeästi ja toistuvasti painotti ateistista näkökulmaansa. Minusta tuntui, että hän ei ollut täysin vakuuttunut uskomuksistaan, koska hän toistuvasti vakuutteli järkkymätöntä ateismiaan. Ollakseni rehellinen, mitä enemmän hän puhui, sitä arvostelevammaksi kävin itse, kunnes eräässä vaiheessa en voinut enää kestää hänen väärää ylpeyttään ja ylimielisiä lausuntojaan. Muistin Albert Einsteinin lausunnon: "Minut erottaa suurimmasta osasta niin sanottuja ateisteja äärimmäinen nöyryyden ja kunnioituksen tunne maailmankaikkeuden harmonian saavuttamattomia salaisuuksia kohtaan".

Amma saapui aulaan keskustellessamme. Ainutlaatuista Amman persoonallisuudessa on se, kuinka mikään tilanne ei ole hänelle vieras, olipa hän missä maassa tahansa tai mistä kulttuurista olevien ihmisten kanssa tahansa. Siten hänen saapumisessaan ei ollut kerta kaikkiaan minkäänlaista vaikutelmaa tärkeilystä. Kuten aina, se tapahtui yksinkertaisesti ja luonnollisesti.

Heti kun ateistiystäväni näki Amman saapuvan, virne katosi hänen kasvoiltaan. Seisoessani hänen vierellään saatoin nähdä, kuinka hänen kehonkielensä muuttui. Tunsin, kuinka hänestä huokui torjuvia värähtelyjä. Hän astui nopeasti taaksepäin, mutta Amma oli nopeampi. Hymyillen Amma laittoi kätensä miehen olkapäälle ja kysyi: "Oletko Keralasta?"

Mies katsoi minuun. Hymyilin hänelle. Kun joku, jota pidät "outona tai kummallisena", ilmaisee hyväksyntänsä sinua kohtaan luonnollisella helppoudella, on vaikeaa pitää ilme tiukkana. On kuin lapsi hymyilisi meille. Emme voi muuta kuin hymyillä takaisin, vaikka se olisi vihollisemme lapsi. Mies näytti vähän hölmistyneeltä Amman epätavallisen käytöksen takia. Hänen täytyi vastata Amman kysymykseen: "Kyllä, olen." Tätä seurasi toinen kysymys : "Oletko Trissurista?"

Mies oli selvästi yllättynyt siitä, että Amma pystyi tunnistamaan hänen kotikaupunkinsa, ja hän vastasi kysymyksen muodossa: "Mistä tiesit?"

"Murteestasi", Amma vastasi. "Kuinka pitkään olet ollut täällä Amerikassa?"

"Vasta viisi vuotta."

Tässä vaiheessa hänen vaimonsa ja kaksi lastaan tulivat lähellemme. Amma hymyili ja kysyi mieheltä: "Perheesi?"

"Kyllä."

Amma kutsui pienet tytöt lähelleen. Hän halasi heitä ja suuteli heitä poskelle. Tämän nähdessään vaimo pani päänsä Amman olkapäätä vasten. Hänkin sai lämpimän halauksen.

Mies katsoi minuun, mutta hänen silmänsä eivät olleet samat, jotka aluksi olin kohdannut. Niissä näkyi välkettä. Lyhentääkseni tarinaa kerrottakoon vain, että koko perhe istui yhdessä Amman kanssa ennen koneeseen menoa. Ennen lähtöä myös mies halusi kokea Amman halauksen.

Mies päätyi riisumaan kasvoiltaan keinotekoisen naamion, jota oli siihen saakka käyttänyt, ja hän osoittautui olevan kiinnostunut ja keskittynyt kuulemaan, mitä sanottavaa Ammalla oli. Sitä ennen Amma kuitenkin kuunteli tarkkaavaisesti ja kärsivällisesti hänen ateistisia uskomuksiaan sekä kertomuksia hänen perhetaustastaan ja entisestä kaveripiiristään.

Vasta miehen lopetettua puhumisen Amma sanoi: "Olen samaa mieltä siitä, mitä olet sanonut, mutta uskomuksista riippumatta arvostan ihmistä todella, jos hänellä on empatiaa vähemmän onnekkaita kohtaan ja hän on halukas ojentamaan auttavan kätensä köyhille ja apua tarvitseville. On hyväksyttävää olla poliittisesti jollain tavalla suuntautunut. Ole ateisti, mutta ole inhimillinen ja usko inhimillisiin arvoihin. Aivan kuten kaikissa aidoissa poliittisissa puolueissa, myös henkisyydessä uskotaan kanssakulkijoidemme palvelemiseen, köyhien ja maahan poljettujen palveluun. On lähes mahdotonta olla tekemättä virheitä. Aiheuttakoon kuitenkin vakaumuksemme mahdollisimman vähän haittaa ja mahdollisimman paljon hyvää sekä meille että yhteiskunnalle."

Miehen asenteessa tapahtui äkillinen muutos. Hän näytti todellakin erilaiselta. Kireys oli tiessään. Lähtiessään hän sanoi minulle: "Hänen tapaamisensa oli todellakin kokemus. Hänen vaatimattomuutensa ja tuomitsematon asenteensa tekivät minuun suuren vaikutuksen. Itse asiassa se olin minä, joka tuomitsin hänet. Olen pahoillani siitä. Me tapaamme varmasti uudestaan."

En ole varma, tuleeko tällä muutoksella olemaan kestävä vaikutus. Asian ydin tässä on, että tapaamisella oli voimakas vaikutus tähän mieheen, ja siitä saattaisi alkaa uusi vaihe hänen elämässään. Sen mahdollistamiseksi Amman täytyi ensin suhtautua avoimesti ja olla arvostelematta.

Olen nähnyt Amman keskustelevan samanlaisella mielenlaadulla varustettujen ihmisten kanssa, jotka ovat usein intellektuelleja ajattelijoita, tieteilijöitä tai ihmisiä, joilla ei ole uskoa. Hän kuuntelee kaiken, mitä heillä on sanottavanaan. Amma puhuu vasta sitten, kun he ovat saaneet ilmaistua näkemyksensä. Ja hän aloittaa useimmiten sanomalla: "Mitä olet sanonut, on oikein. Olen samaa mieltä, mutta..." Sitten hän kertoo oman näkemyksensä aiheesta.

Tämä on valtavan tehokas lähestymistapa, jota kuka tahansa ammattilainen voi kokeilla. Tosiasiassa tämä tekniikka tuottaa ihmeitä. Ole kärsivällinen ja anna toisen ihmisen kokea, kuinka aidon kiinnostuneesti kuuntelet. Ihmiset avautuvat vaivatta Amman edessä, koska heille syntyy vaikutelma: "Tässä on henkilö, joka arvostaa mielipiteitäni ja havaintojani. Hänen kanssaan voi kommunikoida ja työskennellä. Hän ymmärtää minua."

Puhupa jonkun sellaisen kanssa, joka työskentelee asiantuntijana Amman oppilaitoksessa tai tekee vapaaehtoistyötä jossakin hänen massiivisista humanitaarisista projekteistaan. Kuuntele heidän kertomuksiaan. Yksi lanka sitoo koko laajan ihmisjoukon yhteen: heidän henkilökohtainen siteensä johtajaansa. Amman lauseet muistuvat mieleeni: "Rakkaus on todellinen olemuksemme. Rakkaudella ei ole kastin, uskonnon, rodun tai kansallisuuden asettamia rajoja. Me kaikki olemme helmiä samassa rakkauden langassa." Koska rakkaus on tärkein ainesosa, yhteys on spontaani. Suhteen avautuminen on luonnollista, niin luonnollista, että jokainen henkilö saavuttaa pisteen, jossa hän oivaltaa: "Tätä minä haluan. Tämä kumppanuus ravitsee sieluani ja parantaa ruumiini ja mieleni."

Yhäkin ihmettelen, kuinka on mahdollista, että Amma vetää puoleensa näitä ammattilaisia joka puolelta maailmaa ja kaikilta elämän alueilta, ihmisiä jotka tulevat työskentelemään hänelle ja palvelemaan järjestöä. Kysymys säilyy minulle vastaamattomana, mutta näen, että vaikka he eivät olekaan maineen ja kunnian perään, heillä on nyt tilaisuuksia, joita heillä ei olisi, jos he olisivat jääneet alkuperäisiin asemiinsa ja maihinsa. Heillä on nyt yhteyksiä asiantuntijoihin kaikkialla maailmassa *Amritan* nimissä, Amman nimissä, ja he ovat tosiasiassa tulossa hyvin tunnetuiksi Amrita-rooleissaan.

He näkevät myös, että Amma on kauttaaltaan reilu, että hänellä ei ole taka-ajatuksia. Ihmiset saavat suoran ja käsinkosketeltavan kokemuksen hänen ainoasta tavoitteestaan, joka on palvella epäitsekkäästi yhteiskuntaa jakamalla tasa-arvoisesti sekä rakkauden ja myötätunnon sisäistä rikkautta että vaurauden ulkoista rikkautta. Niinpä heidän päätöksensä liittyä hänen joukkoonsa tapahtuu vaivattomasti ja varauksettomasti.

Tarkoitukseni ei ole sanoa, että ongelmia ei ole. Ongelmat nostavat päätään aina silloin tällöin, mutta ratkaisu on aina olemassa. Asiat ratkeavat enimmäkseen yksinkertaisella, epämuodollisella tapaamisella tai keskustelulla. Ennen kaikkea, Amma on aina tarvittaessa tavoitettavissa, mihin aikaan päivää tai yötä tahansa. Hän on voimakas katalysaattori, väliaine, joka sitoo meidät kaikki yhteen. Järjestömme jokainen jäsen kytkeytyy spontaanisti Ammaan asemasta tai tehtävänimikkeestä riippumatta. Mikä tahansa ongelma nouseekin esiin, sen vieminen Ammalle tarkoittaa sen loppumista siihen paikkaan. Raja on siinä, yli ei voida mennä.

Amma on Amrita yliopiston kansleri, ehkäpä maailman ainoa kansleri, joka on kaikkien tavoitettavissa. Kaikki valitukset, pyynnöt, ongelmat, henkilökohtaiset ja ammatilliset, voidaan ohjata suoraan hänelle.

Amma on tarpeen tullen jämäkkä. Hän ei ole kuitenkaan aggressiivinen tai ylimielinen. Aggressiivisuus ja itsevarmuus ovat kaksi erilaista mielentilaa. Jokapäiväisessä kanssakäymisessämme maailman kanssa kuulemme ihmisten sanovan: "Olin vain itsevarma." Katsoessamme asiaa tarkemmin ymmärrämme, että he olivat tosiasiassa vain riidanhaluisia ja aggressiivisia, eivät itsevarmoja.

Aggressiiviseen käytökseen sisältyy usein jokin piilotettu henkilökohtainen tavoite. Se osoittaa pikemminkin itsetärkeyttä kuin itseluottamusta. Itsevarmuus on piirre, joka ilmentää kokemuksesta syntynyttä itseluottamusta. Toisin sanoen, aggressiivinen asenne on epäkypsän egon ulkoinen ilmaisu, ja itsevarmuus liittyy kypsempään egoon. Aggressiivisuus on pääasiallisesti vastaanottamatonta ja epäystävällistä asennetta. Itsevarmuus on jalostunutta ja armollista mielenlaatua. Näiden kahden välillä on valtava ero. Aggressiivisuuteen ei sisälly juuri lainkaan toisten huomioonottamista: "Olipa tavoite mikä tahansa, minä tahdon voittaa ja saada lisää. Minua ei kiinnosta, saatko sinä mitään vai et. Piste."

Itsevarma ihminen sen sijaan ottaa kohteliaasti huomioon toisten ihmisten mielipiteet ja näkemykset. Tämä piirre, kuten aggressiivisuuskin, ilmenee ihmisissä vaihtelevissa määrin.

Kokemukseni mukaan Amma on ainutlaatuinen johtaja, joka on hienotunteisesti luja ja itsevarma sekä myös myötätuntoisen vastaanottavainen. Sanoisin, että hän on "kova kuin timantti ja pehmeä kuin kukka". Hän virtaa kuin joki ja seisoo kuin vuori. Hänellä on erityinen, vertaansa vailla oleva taito luoda yhteys ihmisiin sisäisesti ja ulkoisesti. Halauksistaan Amma sanoo: "Se ei ole pelkkä fyysinen halaus, jossa kaksi kehoa kohtaavat; se on sydänten todellinen kohtaaminen." Tämä sydänten välinen vuorovaikutus on avain yhteyden syntymiseen.

Ammaa näkee harvoin voimaa osoittavissa mielentiloissa. Mutta katastrofin tullessa, tilanteen ollessa kriittinen, Amma voimistaa energiansa virtausta. Sinä hetkenä Amma antaa itsevarman energiansa jyllätä. Täytyy kuitenkin tähdentää, että Amma säätelee nopeutta antamatta milloinkaan aggressiivisuuden ottaa valtaa ja nujertaa häntä tai hänen tiimiään.

Minulle ja tuhansille ihmisille kaikkialta maailmasta, jotka palvelevat yhteiskuntaa Amman johtajuuden alaisuudessa, nämä suuren ergisen toiminnan tilanteet pitävät meidät perehtyneenä positiivisten värähtelyjen aaltoihin ja valtavaan inspiraatioon. Olisi epärealistista sanoa, että nämä tilanteet ovat täysin vailla jännitteitä. Kuitenkin jopa sellaisten huimien toimintojen keskellä Amma kykenee luomaan syvän tyydytyksen ja elämäniloisuuden tunteen tiiminsä jäsenten sydämiin. Ihmiset työskentelevät inspiraation ja rakkauden vuoksi, eivät pakosta tai pelosta. Vaikka keho tunteekin väsymystä sellaisessa tilanteessa, mieli on täynnä intoa. Ammalla on erilaisia tapoja hoitaa mikä tilanne tahansa. Riippuen olosuhteista ja ihmisten taipumuksista, kulttuurista ja luonteesta hän valitsee suunnitelman, joka soveltuu parhaiten työn saattamiseen loppuun kustannustehokkaasti, sujuvasti, ja lyhimmässä mahdollisessa ajassa. Kriisi- ja katastrofijaksot johdetaan ja käsitellään aivan eri tavoin kuin muunlaiset tilanteet, joissa käydään hienovaraisempia keskusteluja. Amma ottaa tilanteen täysin hallintaansa. Jokainen ohje tulee häneltä, ja hän johtaa väsymättä suunnittelua ja toteutusta jättäen ruoan ja unen väliin. Hän johtaa taitavasti nopealla, keskinopealla ja hitaalla johtamistavalla. Hän tietää myös, milloin olla tiukkana.

Karnatakan (Raichurin) tulvien jälkeen vuonna 2009 järjestömme lupautui rakentamaan kaksi tuhatta taloa osana jälleenrakennustyötä.

Marraskuun 27.päivänä ashram julkisti 500 miljoonan rupian (10.7 miljoonan dollarin) hätäapu- ja jälleenrakennuspaketin tulvien uhreille. Amma lähetti tiiminsä kartoittamaan vahinkoja. He palasivat tuomisinaan erään kylän nimi, jota mikään avustusryhmä ei ollut lupautunut auttamaan. Amma tarjoutui jälleenrakentamaan tämän kylän. Niin alkoi rakennustyö Raichurin alueella Dongrampurassa, jossa rakennettiin tuhansia taloja, teitä, puistoja, sähkö- ja vesi-infrastruktuuri sekä yhteisökeskus.

Tammikuun 16. päivänä, auringonpimennyksen aikana, saapui 14 vapaaehtoisen tiimi Raichuriin. Vaikka paikallisen perinteen mukaan ihmisten ei tule katsoa kohti aurinkoa eikä kulkea ulkona auringonpimennyspäivänä, vapaaehtoiset kävivät alueen läpi epäröimättä ja tapasivat virkailijoita. Seuraavana päivänä paperityö saatiin valmiiksi, minkä jälkeen valtava rakennustyö lähti käyntiin jo saman päivän aikana.

Amma antoi tiimille ohjeet: "Tehkää työ pian valmiiksi. Supernopeasti..." Tiimi otti "nopeasti"-sanan mantrakseen. He työskentelivät kirjaimellisesti tauotta, vaikka lämpötila kohosi 45 asteeseen. Puolet jokaisesta päivästä oltiin ilman sähköä ja juoksevaa vettä. Näitä vihamielisiä olosuhteita uhmaten vapaa-ehtoiset rakensivat sata ensimmäistä taloa kahdessakymmenessä päivässä. He olivat täyttäneet johtajansa haaveen nopean avun antamisesta tulvissa kodittomiksi jääneille.

Tämä rakentamisihme rikkoi kaikki ennätykset. Heidän saavutuksensa nostatti kunnioituksen aaltoja koko valtiossa, vaaleilla valituista virkailijoista asiantuntijoihin, kauppiaista kouluttajiin ja opiskelijoihin. Hallitus teki PowerPoint-esityksen tästä uskomattomasta saavutuksesta innoittaakseen muita ei-valtiollisia organisaatioita. Ihmisiä tuli sankoin joukoin paikalle nähdäkseen asian omin silmin. Artikkeleita ilmestyi päivälehdissä ylistävien arvioiden kera. Hallituksen ministerit ja huipputason hallintovirkailijat ilmaisivat yleisöpuheissa kunnioituksensa.

Karnatakan pääministeri kertoi yleisölle, kuinka ashramin ja hallituksen yhteistyö alkoi. "15. tammikuuta ashramin edustaja saapui kokoukseen, jossa tavoiteohjelma laadittiin yhdessä hallituksen kanssa. Kahdessakymmenessä päivässä Amman järjestö oli saanut valmiiksi sata taloa, ja avaimet ojennettiin minulle. Olen kiitollinen Ammalle. Tämä innostaa toisia lahjoittajia viimeistelemään projektit yhtä innokkaasti ja kiireellisesti."

Avaimet 242 muuhun taloon ojennettiin Karnatakan kiitolliselle pääministerille elokuun 4. päivänä 2010 Amman Bangaloren ohjelman aikana. Uusia ennätyksiä tehtiin koko ajan. Taloja rakennettiin kolmella eri rakennustyömaalla, ja tämän kirjan kirjoitusajankohtana lähes jokainen luvatusta tuhannesta talosta on valmistunut.

Onko myötätuntoinen johtajuus ylivertaista verrattuna muihin johtamistapoihin? Sanoisin, että on, koska myötätuntoinen johtaja ottaa vastuulleen auttaa toisia ilman, että heiltä pyydetään sitä. Heidän ei tarvitsisi tehdä niin, mutta se on heidän luonteensa, ja toisin ei voi olla. Heillä ei ole omia pyyteitä, ja he eivät pelkää tehdä sitä, mitä he tekevät yhteiskunnan, köyhien ja tarvitsevien eteen. He ovat täysin vapaita kaikesta monitulkintaisuudesta oman tehtävänsä suhteen. Ennen kaikkea heillä ei ole odotuksia tai piilotettuja tarkoitusperiä. He vain pitävät tekemiään palveluksia velvollisuutenaan. Sellainen Amma on. Hän ajattelee vähemmän itseään ja enemmän muita eläviä olentoja. Hänellä on syvä ymmärrys elämästä ja ihmisten sydämistä, ja hän voi vaivattomasti käsitellä millaisen tilanteen tahansa, koska hän on egoton.

Amma on sen tyyppinen johtaja, joka tulee itse henkilökohtaisesti kentälle käärien ylös hihojaan ja ollen valmis tekemään millaista työtä tahansa. Tämä syrjäisessä eteläintialaisessa kylässä syntynyt ja varttunut puolitoistametrinen Amman hahmo on kaikki raja-aidat ylittäen saanut aikaan vallankumouksen perinteisessä järjestelmässä. Amma antaa maailmalle uuden, syvemmän ulottuvuuden rakkauteen, sen ilmaisutapaan, muuntavaan voimaan ja tärkeyteen ihmiselämässä.

Kukaan ei pyytänyt Ammaa palvelemaan yhteiskuntaa, auttamaan köyhiä ja vähäosaisia, istumaan tuntikaupalla ja kuuntelemaan ihmisiä, tai ottamaan itselleen massiivisia hyväntekeväisyysprojekteja. Hän tekee niin, koska se on hänen henkensä ja elämänsä. Ja hän saa meidät tuntemaan, että pieniä korjauksia ja säätöjä tekemällä jokainen meistä pystyy samaan.

"Pysy kaukana ihmisistä, jotka vähättelevät tavoitteitasi.
Pienet ihmiset vähättelevät niitä aina, mutta todella suuret
saavat sinut tuntemaan, että sinustakin voi tulla suuri."

– Mark Twain

LUKU 16

Horjumaton vakaumus ja välitön päätös

"Inhimillinen myötätuntomme yhdistää meidät toinen toisiimme – ei säälivästi tai holhoavasti vaan ihmisinä, jotka ovat oppineet muuntamaan yhteisen kärsimyksen toivoksi tulevaisuuden suhteen."

– Nelson Mandela

Amma on ottanut hoitaakseen valtavaa hyväntekeväisyystoimintaa joka puolella Intiaa ja ympäri maailmaa. Tapahtumat vuoden 2004 tsunamissa Kaakkois-Aasiassa ovat kuitenkin edelleen loistavin osoitus Amman toiminnan kyvykkyydestä ja taitavuudesta. Amma johti kaikkea evakuointi-, hätäapu- ja jälleenrakennustoimintaa jättämättä mitään yksityiskohtaa vaille huomiota. Amman katastrofiapu on esimerkki siitä, kuinka hätätilanteessa toimitaan horjumatta. Se on suuri oppitunti katastrofitilanteiden johtamisesta, resurssijohtamisesta, talousjohtamisesta, aikajohtamisesta, intuitiivisesta päätöksenteosta, ja ennen kaikkea suurten ihmisjoukkojen johtamisesta.

Vuoden 2004 tsunami tappoi tuhansia ihmisiä Etelä-Intiassa, Indonesiassa, Andamanien ja Nikobarien saarilla sekä Sri Lankalla. Amman ennakoiva johtamistapa yhdessä hänen luontaisen myötätuntoisen otteensa sekä reiluutensa kanssa olivat koko ajan havaittavissa. Koko jälleenrakennustyö kesti lähes kaksi vuotta.

Tänä aikana Amma hallinnoi paljon muutakin kuin vain tsunamiin liittyviä toimintoja. Hän ohjasi samalla organisaation kaikkia hyväntekeväisyys- ja koulutusprojekteja mikro- ja makroaspekteineen.

Kaikki tapahtui äkkiä. Silmänräpäyksessä jättimäiset aallot veivät pois kaiken. Ensivaiheessa rantaviiva vetäytyi yli kilometrin verran merelle päin. Se oli kaunis näky, joka paljasti loistavan valkoisen hiekan, joka normaalisti oli valtameren alla. Näytti siltä, kuin koko ranta olisi ollut pienten valkoisten helmien peitossa. Satoja keskuksemme asukkaita ja paikallisia kyläläisiä tungeksi katsomaan tätä ihmeellistä näkyä. Mutta kun Amma kuuli tästä ihmeellisestä näkymästä, hän tiesi heti, että se ei ole hyvä merkki. Hän määräsi jokaisen palaamaan heti keskukseen ja ohjeisti tuhannet paikalle kokoontuneet ihmiset siirtymään rakennusten ylempiin kerroksiin. Muutaman minuutin päästä kohosivat jättimäiset aallot, jotka nielaisivat talot ja viattomat ihmiset, mukaan lukien lapset ja naiset. Hetkessä kaikki, mitä siellä oli ollut, katosi unohduksiin.

Amma keskeytti heti ihmisten vastaanottamisen ja aloitti evakuointiprosessin. Hän tuli alas pukeutuneena keltaiseen huiviin ja kahlasi tulvavesien läpi antaen ohjeita tuhansille ihmisille, myös ashramin asukkaille ja niille kyläläisille, jotka saapuivat kiireesti järjestömme päämajaan toivoen saavansa sieltä suojapaikan. Kaikkialla vallitsi paniikki ja äärimmäinen sekasorto. Äidit vauvojensa kanssa, pienet pojat ja tytöt etsimässä vanhempiaan, vanhukset, sairaat, vammaiset... kaikki näytti musertavalta ja hallitsemattomalta.

Tuollaisessa tilanteessa, jossa ihmiset ovat täydellisen tyrmistyksen tilassa, vain järkevän ihmisen älykkäästi hoitama "yhden ihmisen show" voi toimia. Sananlasku "mitä useampi kokki, sitä huonompi soppa" sopii tällaiseen tilanteeseen täydellisesti. Johtajuuden näkökulmasta voimme kutsua sitä yksinvaltaiseksi tai autoritaariseksi johtamiseksi. Sellaisella johtamistyylillä on hyvät ja huonot puolensa. Toimivin vaihtoehto tällaisessa kaoottisessa asetelmassa on kuitenkin se, että tilanteen ottaa hallintaansa pätevä johtaja, ryhmän kokenein jäsen, joka pääsee käsiksi sellaiseen tietoon, joihin muilla ei ole pääsyä.

Kahlaten vedessä ja arvioiden tuhoja ja uhkia Amma ohjeisti jokaista etenemään varovaisesti kohti lautta-aluetta. Ashramille ja paikallisille kyläläisille kuuluvat veneet olivat siellä valmiina kuljettamaan ihmiset joen yli mantereen puolelle. Amrita yliopiston insinööritieteiden, bioteknologian ja ayurvedan laitoksille sekä ashramin pyörittämille kouluille oli jo annettu ohjeet niiden muuttamiseksi hätäapuleireiksi.

Tehdäkseen evakuoinnin turvallisemmaksi Amma ohjeisti meitä varmuuden vuoksi sitomaan vahvoja kookosköysiä lähimmästä tukevasta rakennuksesta kookospalmujen ympäri aina lautalle saakka sekä jokaista pitämään tiukasti köydestä kiinni kävellessään. Hän tarkasti jokaisen perheen kohdalla henkilökohtaisesti, että kaikki perheenjäsenet olivat koossa, ennen kuin lähetti heidät veneellä joen toiselle puolelle. Hän tahtoi tehdä näin, koska jolleivät he ylittäisi jokea yhtä aikaa, he eivät ehkä löytäisi toisiaan tai tietäisi, ovatko heidän läheisensä turvassa. Kyläläiset, ashramin sairaalan potilaat, vierailijat ja kaikki eläimet, mukaan lukien norsut, lähetettiin ensin ja lopuksi ashramin asukkaat. Amma lähti itse viimeisenä saapuen mantereelle keskiyön jälkeen. Hän majoittui samaan rakennukseen kuin evakuoidutkin.

Heti ensimmäisestä päivästä lähtien yliopiston kampukselle muuttaneet vapaaehtoiset valmistivat ruoat kaikille avustusleireihin majoittuneille: kymmenentuhatta ateriaa kolme kertaa päivässä. Amman perustama AIMS-sairaala järjesti jokaiseen leiriin ympärivuorokautisen terveydenhuoltopalvelun lääkäreineen, sairaanhoitajineen ja ensihoitajineen, jotka huolehtivat tarvittavista lääkkeistä ja muista varusteista ambulanssit mukaan lukien.

Samanlaisia järjestelyjä tehtiin myös Nagapattinamissa, Tamil Nadussa, joka oli eräs Intian itärannikon suurimpia tuhoalueita. Hallitus asetti lähialueille kaksitoista hätäapukeskusta. Ashramimme toimitti ruokaa, vaatteita ja huopia sekä ulotti ympärivuorokautiset terveyspalvelunsa myös noiden keskusten käyttöön. Seuraavien päivien aikana koko kylä oli kyynelissä. Äidit, aviomiehet, vaimot ja lapset itkivät vainajiensa perään. Ashram toimitti joukkopolttohautauksen. Ihmisten silmissä näkyi tuska. Tulevaisuudella ei ollut mitään heitä varten. Jättimäiset aallot olivat pyyhkäisseet pois kaikki heidän unelmansa ja toiveensa. Koko kylä seisoi tyhjin käsin elämän edessä, täysin avuttomana ja järkyttyneenä.

Johtajana, joka ymmärtää sekä ihmisten kivun että mielihyvän, Amman ensisijainen pyrkimys oli lohduttaa ihmisiä, mikä on ehkä kaikkein vaikeinta tämän suuruusluokan järkyttävän kokemuksen jälkeen. Luonnollinen johtaja tietää, kuinka voimattomilta ja turhilta sanat kuulostavat tällaisina syvän surun hetkinä. Niinpä Amma ensimmäisten päivien aikana otti osaa kyläläisten suruun täysin sydämin sen lisäksi, että toimitti heille elämiseen tarvittavat välttämättömyydet. Hän itki ihmisten kanssa, piti heitä lähellään, lohdutti heitä ja pyyhki heidän kyyneleitään. Amma tapasi murheen murtamia ihmisiä yksityisesti joka päivä koko päivän ajan, ja öisin hän oli jatkuvasti puhelimessa antaen ohjeita vapaaehtoisille ja ashramin asukkaille, jotka työskentelivät kohteissaan. Hänen henkilökohtaiset neuvonsa ja aito huolenpitonsa auttoivat kyläläisiä suuresti tuntemaan olonsa turvallisemmaksi ja toiveikkaammaksi tulevaisuuden suhteen.

Ihmeellinen innoittaja Amma opasti herpaantumatta vapaaehtoisiaan sanoin ja teoin. Suuren asialle omistautuneen vapaaehtoisjoukon avustamana organisaatiomme saattoi saada tilapäissuojat valmiiksi lyhyessä yhdeksän päivän ajassa, kun hallitukselta meni siihen kuukausia.

Asuttuaan viikon verran yhdessä yliopiston huoneista Amma palasi jälleen henkiseen keskukseemme (ashramiin). Vaikka ashramin asukkaita ei ollutkaan kuollut tsunamissa, aallot olivat aiheuttaneet suurta tuhoa järjestömme päämajassa. Melkein kaikki tietokoneet ja tulostimet olivat vahingoittuneet. Kaikki elintarvikkeet, vihannekset ja riisi olivat joko huuhtoutuneet pois tai pilaantuneet. Kuolleita ja kuihtuneita kasveja ja puita oli kaikkialla. Kuitenkin Amma oli enemmän huolestunut niiden ihmisten hyvinvoinnista, jotka olivat menettäneet tsunamissa kaiken; säästönsä ja läheisensä. Hän kohdisti kaiken huomionsa avustus- ja jälleenrakennusprosessin nopeuttamiseen.

Eräänä yönä sisäpuhelimeni soi keskiyön jälkeen. Soittaja oli Amma. Nostin luurin. Amma oli muutaman hetken hiljaa ja sanoi sitten: "Sydäntäni piinaa nähdä niin paljon kärsimystä. Meidän pitäisi tarjota ihmisille jotakin kestävämpää ja konkreettisempaa, josta he voivat pitää kiinni ja jonka varaan he voivat rakentaa uudelleen elämänsä."

Amma piti tauon ja jatkoi: "He tarvitsevat uusia taloja, veneitä, kalastusverkkoja, lääkehoitoa, ja niin edelleen. Kuinka autamme?"

En tiennyt, mitä ehdottaa, ja pysyin siksi hiljaa. Yhtäkkiä Amma sanoi: "Osoitamme miljardi rupiaa (13.3 miljoonaa euroa) katastrofiapua ja jälleenrakennustyötä varten."

Hänen sanoillaan oli minuun järisyttävä vaikutus. Kaikki vastaukseni juuttuivat kurkkuuni. Toivuttuani ensijärkytyksestä kysyin häneltä: "Amma, mistä rahat?"

Amma vastasi tyynellä äänellä: "Se ei ole niin tärkeää. Myötätunto on kaikkein tärkeintä. Maailmassa on paljon hyväsydämisiä ihmisiä. Raha saapuu kyllä... Ensiaskel on myötätunto. Otetaan se askel kunnolla."

Hänen näkemyksensä oli vakaa, ja siksi päätös tapahtui hetkessä. Kun vastaamme myöntävästi jalolle visiolle, joka pohjautuu ylevämpiin arvoihin, ei epäselvyyttä ja epäilystä ole. Päätökset ja toimeenpanot tapahtuvat silloin nopeasti, sillä keskitymme enemmän toimintaan kuin lopputulokseen. Toiminta on nykyhetkessä, tulokset tulevaisuudessa. Kun kaikki energiamme suuntautuvat nykyhetkeen, tulevaisuus yksinkertaisesti kumpuaa esiin.

Kveekarilähetyssaarnaaja Etienne de Grellet sanoi: "Oletetaan, että kuljet sinulle ennestään tuntemattoman alueen halki. Muista ajatella kulkiessasi: 'Kuljen tätä tietä vain tämän kerran. Sen vuoksi anna minun tehdä kaikki hyvä ja osoittaa kaikki ystävällisyys ihmisille ja muille eläville olennoille nyt. Älä anna minun lykätä sitä tai laistaa siitä, sillä en kulje tätä tietä enää uudestaan.'"

Mahabharatassa kuvataan kaunis tapahtuma, joka havainnollistaa tätä ystävällisyyden osoittamisen periaatetta aina tilaisuuden tullen:

Eräänä päivänä Karna, joka oli tunnettu hyväntekeväisyydestään ja anteliaisuudestaan, suoritti päivittäisiä rukouksiaan ja puhdistautui joessa. Hänen vierellään oli jalokiviupotettu kultainen malja. Krishna sattui tulemaan samaan aikaan vierailulle. Uteliaana tietämään, kuinka vakaa Karna oli hyväntekeväisyydessään, Krishna pyysi Karnaa antamaan maljan hänelle.

Karna tarttui vähääkään epäröimättä maljaan vasemmalla kädellään ja ojensi sen Krishnalle, koska hänen oikea kätensä ei ollut puhdas. Krishna kysyi tästä heti Karnalta ja muistutti häntä siitä, että lahjojen antaminen vasemmalla kädellä ei ole sopivaa. (Intiassa lahjan tai minkä tahansa muunkaan asian antamista vasemmalla kädellä pidetään epäsuotuisana tekona.)

Karna sanoi nöyrästi hymyillen tuntevansa säännöksen erittäin hyvin ja antoi Krishnalle seuraavan selityksen: "Hyvää tekoa koskevien ajatusten pohjalta on toimittava aina välittömästi sen enempää miettimättä, koska emme todella tiedä, mitä seuraavana hetkenä tapahtuu. Saatamme kuolla, tai ahneus saattaa iskeä, tai tarkoitusperämme voivat muuttua."

Meidän tulisi toimia välittömästi sillä hetkellä, kun tunnemme sisäisen halun auttaa jotakuta, myötätuntoisen ajatuksen heräämisen hetkellä. Jos lykkäämme toimiamme sekunninkin, mieli tulee väliin ja alkaa laskelmoida.

Tsunamin katastrofiapu- ja jälleenrakennuspaketti julkaistiin helmikuun puolivälissä vuonna 2005. Pian sen jälkeen Amma vieraili suurimpien tuhojen alueilla Nagapattinamissa Tamil Nadussa. Tavattuaan ihmisiä lukuisissa tilapäissuojissa ja kuunneltuaan henkilökohtaisesti heidän murheellisia kertomuksiaan Amma matkusti koko yön päästäkseen järjestön Keralan päämajaan seuraavaksi aamuksi. Vuorokauden sisällä siitä Amma lähti Sri Lankaan paikallisen hallituksen kutsumana ja oli siellä helmikuun 16. ja 19. päivän välisen ajan. Tsunamissa oli kuollut yli 30 000 srilankalaista ja satoja tuhansia oli joutunut pois kotiseudultaan. Amma lupautui antamaan 700 000 USA:n dollaria (69 miljoonaa Sri Lankan rupiaa) tsunamin katastrofiapuun Sri Lankassa.

Matkustaessaan Sri Lankan läpi Amma näki tuhon jäljet rannikkoalueilla. Hän vieraili hätäapuleireillä Amparan ja Hambantotan alueilla.

Sivustakatsojien hämmästykseksi sekä LTTE:n sotilaat (Tamilitiikerit) että näiden vastapuolena olevat singaleesihallituksen sotilaat ilmaantuivat darshanjonoon Amparassa. Näiden kahden toisiaan vastustavan ryhmän näkeminen samassa paikassa teki valtavan vaikutuksen ministerin poliittiseen neuvonantajaan, nyt jo edesmenneeseen Maheswariin. "Kukaan ei olisi voinut ikinä kuvitellakaan nähdä näitä kahta ryhmää yhdessä, kuten he nyt olivat Amman läsnä ollessa. Amma on todella yhdistävä voima, ainutlaatuinen katalyytti", hän sanoi.

Seuraava lainaus on puheesta, jonka Amma piti UNAOC:n konferenssissa Shanghaissa joulukuussa 2012. Konferenssin pääteema oli: "Millä tavoin Aasian ja eteläisen Tyynenmeren yhteiskunnat voivat parhaiten myötävaikuttaa kulttuurien ja sivilisaatioiden rinnakkaiseloa ja vuorovaikutusta koskevaan globaaliin keskusteluun?"

Amma sanoi: "On tärkeää ymmärtää, että yhteiskuntamme vahvistaminen ja yhdistäminen ei ole pelkästään hallitusten vastuulla. Se on jokaisen yksittäisen ihmisen velvollisuus. Jos hallituksesta riippumattomat järjestöt, pienet ja suuret yritykset, tiedotusvälineet sekä sosiaaliset, kulttuuriset ja maailman johtajat yhdistävät voimansa rakentaakseen uutta yhteiskuntaa, joka pohjautuu arvoille, se saa varmasti aikaan positiivisen muutoksen. Suurin osa hallituksista tekee parhaansa auttaakseen, mutta joskus tuet ja lainat eivät tavoita yhteiskunnan alimpia kerroksia, koska hallitusten on maksettava niin paljon palkkatuloja. Kuvitellaanpa, että kaadamme lasillisen öljyä toiseen lasiin. Jos sen jälkeen kaadamme öljyn sataan muuhun lasiin, viimeisen lasin kohdalla on jäljellä vain muutama tippa kaadettavaksi. Samalla tavoin, joskus rahat, joita hallitus on varannut köyhien ihmisten avustamiseen tukien ja lainojen muodossa, eivät saavuta oikeita ihmisiä. Hallituksen on käytettävä paljon rahaa työntekijöiden palkkaamiseen ja kokousten järjestämiseen. Tämä tietysti aiheuttaa viivettä projektin toteutukseen. Mutta kun ihmiset kokoontuvat tekemään epäitsekästä vapaaehtoistyötä, saadaan enemmän aikaan vähemmällä rahalla ja vähemmässä ajassa.

Amman vertaansa vailla olevan johtajuuden ansiosta järjestömme kykeni toteuttamaan kaikki tsunamin jälkien korjaamiseen liittyvät hankkeet, jotka olimme ottaneet tehtäväksemme. Tähän sisältyi muonitusta, vaatetusta, kotien rakentamista, lääkehoitoa, työharjoittelua ja työtilaisuuksien tarjoamista 2500 ihmiselle tuhoalueilta, kalastusverkkojen ja veneiden lahjoituksia kalastajille, asioiden käsittely- ja neuvontaterapiaa yli 10 000 lapselle emotionaalisen järkytyksen ja vesifobian yli pääsemiseksi, työtaitojen harjoittelua naisille, joiden aviomiehet olivat menehtyneet merellä tai eivät enää tahtoneet jatkaa kalastajan ammatissa, ja niin edelleen. Järjestömme myös lahjoitti naisille satoja ompelukoneita ja tarjosi ompeluopetusta.

Erityisesti tulisi mainita se, että Amma itse opetti lapsia uimaan ashramin uima-altaalla auttaakseen heitä voittamaan veden pelkonsa. Tsunamissa kuoli useita kyläläisten lapsia. Jotkut lapsensa menettäneistä naisista olivat sidotuttaneet munajohtimensa. Myötätuntoisena eleenä, jonka tarkoituksena oli vähentää katastrofin aiheuttamaa traumaa, Amma ohjeisti AIMS:n lääkäreitä tarjoamaan heille munajohdinten avaamisleikkauksia tai koeputkihedelmöityksiä. Siten suurin osa näistä naisista kykeni jälleen saamaan lapsia.

Keralan pääministeri Oommen Chandy ylisti ashramin toimintaa Amritapurissa pitämässään puheessa: "Amman auttavat kädet innostivat ihmisiä hätäapu- ja jälleenrakennustöihin tsunamin jälkeen koko valtion alueella. Symboloiden yhteiskunnan hyvyyttä suurisydäminen Amma on saanut talot nopeassa tahdissa valmiiksi. En tiedä, kuinka kiittää Ammaa hänen pyyteettömästä avustaan ja valtavasta määrästä palveluita, jotka hän on saanut aikaan. Hallitus ei ole kyennyt toteuttamaan lupaustaan kaikkien uhrien tilanteen korjaamisesta ennen monsuunikautta. Amman avustustyö on esimerkki muille."

Ennen kaikkea, se, mikä todella auttoi ihmisiä, oli Amman henkilökohtainen kosketus, myötätuntoinen kuunteleminen sekä rohkeuden ja toivon valaminen ihmisiin, jotta he uskaltautuisivat jälleen elämään.

Amma sanoo: "Olemme tosiasiassa kaikkein onnellisimpia auttaessamme toisia, ja olemme kaikkein yksinäisimpiä ollessamme juuttuneina omiin henkilökohtaisiin ongelmiimme ja mielihaluihimme. Kun tavoitteemme yhtyvät yleismaailmallisiin tavoitteisiin, kun ymmärrämme oman osamme maailmankaikkeudessa ja toimimme sen mukaisesti, ei mikään voi pysäyttää meitä."

Astumme "virtaan". Silloin jopa esteiltä näyttäneet asiat paljastuvat pelkiksi astinlaudoiksi kohti menestystä kiivetessämme rakkauden ja myötätunnon tikapuita. Jos uskot Jumalaan, korkeimpaan kaiken näkevään voimaan, yritä nähdä ihmisten kokemukset, tilanteet ja kärsimykset Jumalan näkökulmasta. Jos olet ateisti, usko hyveellisiin tekoihin. Auta ihmisiä ilman minkäänlaisia ennakko-odotuksia. Molemmat tavat vievät meidät Jumalan luo, vaikka meillä ei olisi edes uskoa korkeimpaan voimaan.

Amma sanoo: "Jumalan olemassaolosta voidaan väitellä kiivaasti. Mutta yksikään ateisti ei voi kiistää kärsimyksen olemassaoloa nykymaailmassa. Kärsivien ihmisten palvelu on todellista jumalanpalvelusta. Jumala ei kuitenkaan tarvitse meiltä mitään, koska Jumala on kaiken antaja. Jos tietämättömyydessämme ajattelemme uhraavamme Jumalalle jotakin, on kuin näyttäisimme kynttilällä valoa auringolle sanoen: 'Olen varma, että tämä auttaa sinua näkemään tiesi!' Jos Jumala todella odottaa meiltä jotakin, odottaa hän sydäntä, joka ymmärtää köyhien ja sorrettujen kärsimystä. Kohota, palvele ja ole heitä kohtaan myötätuntoinen."

LUKU 17

Sisäinen ohjaus

Amma sanoo: "Jos mielemme käskee yhtäkkiä jalkojen pysähtyä, kun olemme kävelyllä, niin jalat pysähtyvät. Jos mielemme käskee käsien pysähtyä, kun taputamme, niin kädet lopettavat heti liikkeensä. Mutta jos käskemme ajatuksiamme pysähtymään, kuuntelevatko ne? Eivät. Meditaation päämäärä on kehittää sama hallinnan aste mielen suhteen kuin mitä meillä on fyysisen kehon suhteen."

Usein päätöksiin saavutaan monimutkaisen prosessin kautta, jossa arvioidaan useita vaihtoehtoja ja punnitaan monia keskenään vastakkaisia näkökohtia. Aikaa päätöksentekoon voi olla vain vähän käytettävänä, samalla kun on otettava huomioon tiheään tapahtuvat muutokset markkinatrendeissä ja teknologioissa, johdettava tiimin jäseniä, kollegoja ja erikoisosaajia sekä vakuutettava heidät, huomioitava yhteistyökumppanit ja niin edelleen. Lisäksi monia ennennäkemättömiä epävarmuustekijöitä voi tulla yhtäkkiä esiin. Perinteiseen analyyttiseen kognitiiviseen metodiin pohjautuva päätöksentekoprosessi on usein mieltä väsyttävä, fyysisesti uuvuttava ja energiaa kuluttava harjoitus. Näinä päivinä intuitiivis-analyyttinen päätöksenteko, joka tunnetaan myös nimellä kvasirationaalisuus, on saamassa enemmän jalansijaa.

Jos alat tutkia, kuinka katsot maailmaa, huomaat luultavasti, että myös sinä teet usein päätöksiä tavoilla, jotka rikkovat taloudellisen päätöksen logiikkaa. Muutos tässä vallitsevassa "irrationaalisen" päätöksenteon protokollassa on tapahtumassa hitaasti mutta vakaasti. Hanketta, jossa psykologian näkemyksiä yritetään tuoda taloustieteeseen, kutsutaan behavioristiseksi taloustieteeksi, ja siinä näyttää olevan kyse hienosti harmonisoidusta tekniikasta rationaalisen ajattelun ja psykologisten tai intuitiivisten tekijöiden välillä. Mietiskelevä etsintä siirtää päätöksentekijän usein yrittämisestä yrityksettömyyteen. Tekeminen on toiminto, ja toiminnon kumoaminen on sille käänteistä. Meidän on astuttava sivuun koko prosessista ja unohdettava se. Meidän on pidettävä taukoa ja annettava mielemme spontaanille osalle tilaa. Vain silloin alkaa asioita tapahtua.

Yhtiöiden johtajat ovat luottaneet kognitioon tai loogiseen analyysiin ainoana ongelmanratkaisumenetelmänä vuosisatojen ajan. Intuitiivinen päätöksenteko tai intuition käyttö merkittävänä apuvälineenä ratkaisujen löytämiseksi monimutkaisiin ongelmiin ei ole mikään uusi konsepti, vaikka se onkin uutta yritysmaailmassa. Monissa kulttuureissa, etenkin aasialaisissa sivilisaatioissa, intuitio on pääosassa etsittäessä vastauksia ja ratkaisuja. Menneisyydessä suuri joukko asiantuntijoista oli oikeastaan enemmänkin intuitiivisia kuin kognitiivisia.

Oletetaan, että yritämme muistaa vanhaa laulua. Laulu on meille hyvin rakas, mutta kaikista yrityksistämme huolimatta emme onnistu muistamaan sitä. Saatamme jopa tuntea, että laulu on aivan kielen päällä. Kuitenkaan mikään tavallisista keinoistamme ei toimi: pään raapiminen, silmien sulkeminen tai huoneessa edestakaisin käveleminen eivät auta. Kun lopulta havaitsemme kaikki yrityksemme turhiksi, luovutamme ja unohdamme laulun kokonaan. Lounaan jälkeen otamme pienet päiväunet, ja juuri ennen kuin nousemme ylös sängystä, katselemme hetken ajan kohti kattoa. Siinä rentoutuneessa tilassa laulu tuleekin aivan yhtäkkiä ja yllättäen mieleen.

Tässä tapauksessa ponnistelumme laulun muistamiseksi aloittivat köydenvedon tiedostetun ja tiedostamattoman mielen välillä. Laulu on meille läpikotaisin tuttu, mutta se vetäytyi piiloon, tiedostamattomaan. Meidän täytyy saada se takaisin sieltä.

Sitä tarkoitusta varten meidän on annettava yhteyden muodostua näiden kahden mielen välille. Ongelmana on se, että yrittämisen luoma paine kasvattaa kuilua niiden välillä sen sijaan että se yhdistäisi ne. Etsimämme ratkaisu, laulun muistaminen, siirtyy täten meistä kauemmaksi ja kauemmaksi. Paljastukset tapahtuvat vasta mielen hiljaisuudessa. Juuri näin tapahtui maatessamme aloillamme sängyssä. Ahdistus ja jännitys asettuivat, ja laulu ilmaantui spontaanisti.

Kaikki ponnistelumme olivat itse asiassa tarpeellisia. Niitä vaadittiin, jotta pääsisimme yrityksettömään tilaan. Toisin sanoen, kova työ on ensisijaisen tärkeää täydellisen rentoutuneisuuden tilan saavuttamiseksi. Vain tyyni mieli kykenee antamaan oikeita vastauksia. Ihmisillä on luontainen taipumus hiljaisuuteen. Se on syvää kaipausta. Tämän vuoksi on hyvinkin mahdollista, että intuitiivinen päätöksenteko on toimivaa, kun vain ohjaamme energiamme tyyneyden ja hiljaisuuden kanavaa pitkin.

Kreikkalaisen oppineen Arkhimedeen kerrotaan huudahtaneen: "Heureka!" kun hän oli kylvyssä ja huomasi, että veden pinta oli korkeammalla kuin ennen hänen astumistaan kylpyyn. Arkhimedes oivalsi yhtäkkiä, että syrjäytetyn veden tilavuuden täytyy olla yhtä suuri kuin hänen pinnan alla olevan ruumiinsa tilavuuden. Hän oli yrittänyt mitata tarkasti epäsäännöllisten kappaleiden tilavuuksia, joka oli aiemmin ollut vaikea ongelma ratkaistavaksi. Hänen uusi ymmärryksensä veteen upotetun kappaleen syrjäyttämän veden määrästä ratkaisi ongelman. Hänen sanotaan olleen niin innokas kertomaan kaikille keksinnöstään, että hän hyppäsi ylös kylvystä ja juoksi alasti kaduilla huudellen: "Heureka!"

Ymmärtääksemme keksinnön lähteen Arkhimedeen tarinassa meidän on ymmärrettävä, että matemaatikon on täytynyt olla täysin rentoutunut kylvyssä ollessaan. Rentoutumisen tunne loikoillessamme kylpyammeessa on meille monelle tuttu kokemus.

Vastaus, jota tämä suuri tiedemies oli etsinyt, kohosi hänen mieleensä tuossa täydellisessä levollisuuden ja rauhan tunteessa. Modernin johtamistaidon asiantuntijoiden ja terapeuttien mukaan tiedostamattoman mielen alue on intuitiivisen päätöksenteon lähde. Psykologisesta perspektiivistä katsottuna tämä voi olla totta. Henkisestä perspektiivistä katsoen totuus on kuitenkin, että emme todella tiedä intuitiivisten ratkaisujen tarkkaa lähdettä. Tiedostamattoman mielen ollessa täynnä ajatuksia ja tunteita se ei ole selkeä oikeiden vastausten lähde. Voimme sanoa vain, että nämä vastaukset tulevat jostakin tuolta puolen, koska tiedostamaton on täynnä monia hienovaraisia, voimakkaita ajatuksia.

Amma kuvaa asian näin: "Jos kysymme viulistilta, laulajalta tai huilistilta, mistä hänen musiikkinsa tulee, hän vastaa luultavasti: 'Sydämestäni.' Mutta jos avaamme kirurgisin toimenpitein hänen sydämensä, löydämmekö sieltä musiikkia? Jos hän sanoo musiikkinsa tulevan hänen sormenpäistään tai kurkustaan, löydämmekö musiikkia noista paikoista? Mistä musiikki sitten kohoaa? Se kohoaa kehon ja mielen tuolla puolen olevasta paikasta, puhtaan tietoisuuden asuinsijoilta, äärettömän vahvan voiman asuinsijoilta. Olemmepa sitten talonomistajia, toimitusjohtajia tai poliittisia johtajia, meidän on ensimmäiseksi opittava tuntemaan oma itsemme. Tämä on todellista vahvuutta. Meidän on tunnettava ja hyväksyttävä omat vikamme, vajavaisuutemme ja rajoituksemme, ja sitten yritettävä voittaa ne. Näin syntyy todellinen johtaja."

Amma keskustelee mitä yksinkertaisimmalla kielellä ja käyttää mitä yksinkertaisimpia esimerkkejä. Joskus hän voi jopa puhua asioista, jotka vaikuttavat meistä merkityksettömiltä. Mutta kun puntaroimme hänen sanojaan, niissä piilevänä ollut avara maailma tulee esiin.

Amma keskustelee usein filosofian tohtoreiden ja tieteilijöiden kanssa tutkimuksesta. Hän ei välttämättä käytä keskustellessaan tieteellisiä tai teknologisia termejä, mutta hän puhuu vaikeaselkoisimmistakin tieteellisistä aiheista ytimekkäästi. Hän jopa opastaa tieteilijöitä tutkimusaiheiden pariin, joita heidän tulisi harkita. On hämmästyttävää kuulla Amman puhuvan Nobel-palkittujen tieteilijöiden kanssa heidän tietyistä tutkimuksistaan, lääkäreiden kanssa erilaisista lääketieteellisistä suuntauksista, insinöörien kanssa rakentamisen eri osa-alueista, juristien kanssa oikeudenkäyntitapausten eri puolista, ja johtajien kanssa johtamistaidon tuoreimmista trendeistä.

Jonkin aikaa sitten Amma tapasi Amrita yliopistossa järjestetyssä Amrita Bioquest 2013 -tapahtumassa tieteilijöitä, jotka olivat tulleet eri puolilta maailmaa. Hänelle esitettiin kysymys kasvien käytöstä tautien parantamisessa. Hän sanoi: "En tiedä mitään. Annan vain ideoita tutkijoille." Tieteilijät hymyilivät, koska he tiesivät, että Amrita Bioteknologian tutkijat olivat hiljattain julkaisseet tieteellisen tutkimuksen, joka pohjautui Amman ehdottamaan ideaan.

Kerrottakoon tässä tarina, jonka kertoivat minulle tohtori Ashok Banerjee, entinen vanhempi tutkija Mumbaissa sijaitsevasta Bhabhan atomitutkimuskeskuksesta, ja tohtori Bipin Nair, rehtori ja professori Amrita yliopiston bioteknologian laitokselta. Eräänä päivänä Amrita yliopiston varakansleri tohtori Venkat Rangan tuli yhdessä tohtori Nairin ja tohtori Banerjeen kanssa Amman luo keskustelemaan eräistä tutkimusasioista. Keskustelun aikana Amma tiedusteli tutkimustyön tilanteesta bioteknologian laitoksella. Kun hänelle kerrottiin tutkimuksen painopisteen olevan diabetespotilaiden hidastuneessa haavojen paranemisessa, Amma kuvasi eloisasti perinteistä haavojen parantamismenetelmää öljyllä, jota saadaan kuumentamalla cashewpähkinöiden kuoria.

Cashewpähkinän kuoria pidetään yleensä roskina tai jätteenä, ja vaikka tohtori Banerjee onkin vankkumaton Amman seuraaja, niin Amman äkillinen suuntautuminen cashewpähkinän kuorien lääkinnällisiin ominaisuuksiin ja ehdotus ottaa ne tutkimuksen kohteeksi vaikuttivat hänestä hieman perusteettomilta. Vaikka hän ei ilmaissutkaan ajatuksiaan Ammalle, hän kertoi minulle, että hän kyseenalaisti mielessään Amman idean loistokkuuden. Menneiden kokemustensa pohjalta tutkimusryhmä kuitenkin tiesi, että Amman sanoihin ja ajatuksiin kätkeytyi aina jalokiviä.

He hankkivat välittömästi cashewpähkinän kuoria tehdasjätteestä Kollamissa, uuttivat ja puhdistivat siitä anakardiseksi hapoksi kutsuttua kemiallista yhdistettä, ja osoittivat ensimmäistä kertaa tämän aineen suoran vaikutuksen proteiiniin, joka osallistuu haavojen parantamiseen. Tutkimus osoitti aineella olevan myönteisiä vaikutuksia myös moniin syövän eri muotoihin. Tämä innostava löydös johti sittemmin korkean tason yhteistyöhön Kalifornian Yliopiston kanssa Berkeleyssä ja Scrippin tutkimusinstituutin kanssa San Diegossa. Molemmat ovat johtavia tutkimuslaitoksia Amerikassa. Sam Pitrodan johtama Intian kansallinen innovaationeuvosto tarkasteli myöhemmin tutkimusdataa ja suositteli vahvasti Intian hallituksen tieteellis-teollista tutkimusneuvostoa myöntämään projektille rahoitusta. Amman syvällinen ja yksinkertainen ehdotus näennäisen merkityksettömästä cashewpähkinän kuoresta auttoi meitä saavuttamaan läpimurron hyvin lyhyessä ajassa. Ilman sitä tieteilijät olisivat saattaneet viettää vuosikausia tiiviin tutkimuksen parissa ja käyttää suuria summia rahaa sellaisen keksinnön tekemiseen. Kertomuksen lopuksi tohtori Banerjee sanoi: "En tiennytkään, että Amma on myös tieteilijä."

Monet osastot Amrita-yliopistolla ottavat vastaan Ammalta samanlaisia tutkimukseen liittyviä ehdotuksia ja tekevät menestyksellistä työtä projektien parissa, joissa tutkitaan mm. sensorien käyttöä sateen aikaansaamien maanvyöryjen havaitsemiseksi, tuntoaistiin perustuvaa teknologiaa taitojen kehittämiseksi, nanotieteitä syövän vastaisessa taistelussa, online-koulutuslaboratorioita oppimisen arvioimiseksi, sairaaloiden informaatiojärjestelmiä ja niiden datan käyttöä yhteiskunnan auttamiseksi, kyberturvallisuutta, virtuaalilaboratorioita, interaktiivista sähköistä oppimista, ja niin edelleen. Tieteilijät työskentelevät Amman ohjauksen alla myös suuren mittaluokan projektissa edullisen insuliinipumpun suunnittelemiseksi ja valmistamiseksi.

Epäröin erittäin paljon kutsua Amman ajattelu-, päätöksenteko- ja toimeenpanotapoja intuitiivisiksi. En tahdo mennä syvälle siihen aiheeseen tässä kirjassa. Mutta sanoisin kuitenkin, että hänen menettelytapoihinsa sisältyy jokin täysin erilainen ulottuvuus.

Mieli on sirpaloituneiden ajatusten virtaa. Minkä tahansa asian takana olevan totuuden käsittämiseksi on yhteen asiaan keskittyminen olennaisen tärkeää. Jakaantuminen ja hajaannus on mielen luonne. Se ei voi pysyä kokonaisena. Näin ollen mieli tukkii ajatusten luonnollisen virran, ellemme kouluta sitä olemaan aloillaan ja hiljaa. Hiljaisuudesta kohoaa intuitiivinen ja mietiskelevä ajatteleminen.

Chanakya sanoo tutkielmassaan: "Ennen kuin aloitat jonkin työn, kysy aina itseltäsi kolme kysymystä: 'Miksi teen sen? Mitä tulokset voivat olla? Onnistunko siinä?' Sinun tulisi edetä vain, jos ajattelet syvällisesti ja löydät tyydyttäviä vastauksia."

"Syvällisesti ajatteleminen" tarkoittaa siirtymistä meditatiiviseen hiljaisuuteen, jossa keskitytään merkityksellisiin kysymyksiin, koska oikeat vastaukset tulevat vain, jos kysymykset kysytään oikein. Kuten heprealainen runoilija ja juutalainen filosofi Solomon Ibn Gabirol sanoi: "Viisaan miehen kysymys sisältää puolet vastauksesta."

Tutkimukset osoittavat, että johtamispäätökset onnistuvat vain noin puolessa tapauksista. Käänteisesti, päätöksentekoprosesseihin sisältyy kustannuksia lisääviä tekijöitä. Tästä hälyttävästä tilanteesta huolestuneina Queenslandin kauppakorkeakoulun tutkijat alkoivat kartoittaa johtajien päätöksentekotapaan vaikuttavia tekijöitä ja mahdollisuuksia noiden päätösten parantamiseksi.

Organisaatiorakenteiden kaikissa säännöstöissä on monimutkaisia askeleita, jakoja ja alijakoja, joita on seurattava päätöksiä tehtäessä. Prosessi on mutkikas. Suurin osa liike-elämän ihmisistä on hyvin kireitä. He huolehtivat ja murehtivat tuloksesta. Meidän tulisi sen sijaan ensin seurata tarkasti järjestelmän sääntöjä ja sitten rentoutua sisäisesti.

Biocon Limitedin hallituksen puheenjohtajan ja toimitusjohtajan Kiran Majumdar Shaw'n sanat tulevat mieleen: "Amman persoonallisuus on epätavallinen yhdistelmä ylitsevuotavaa myötätuntoa ja älyllistä kyvykkyyttä, joka lyö jokaisen ällikällä."

LUKU 18

Rakkaus, energian puhtain muoto

T oimittajan kysyessä Ammalta hänen lempiväriään hän vastasi: "Sateenkaaren väri. Se edustaa rakkautta ja ykseyttä. Vaikka kaikki seitsemän väriä ovat erilliset, sateenkaaressa näemme ne yhdessä. Vaikka sateenkaari onkin lyhytikäinen, se tekee silti jokaisen niin onnelliseksi. Rakkaus on ykseyden takana oleva keskeinen ominaisuus. Rakkaus ilmenee elämän kauneutena, vireytenä ja viehätyksenä. Siten rakkaus ja elämä eivät ole kaksi eri asiaa. Ne ovat yksi."

Suurimmassa osassa monikansallisia yrityksiä, näiden koosta riippumatta, on vain vähän tai ei lainkaan uskoa rakkauteen ja myötätuntoon operationaalisena työvälineenä, jolla voi ohjata liiketoimintaa kohti menestystä. Syynä tähän voi olla se, että feminiinisiä ominaisuuksia pidetään liike-elämässä negatiivisina piirteinä. Taustalla on väärinkäsitys, jonka mukaan rakkaus ja myötätunto saattaisivat ihmiset alttiiksi tulla kilpailijoiden ja asiakkaiden lyömiksi. Tämän vuoksi myötätunto ja rakkaus liike-elämässä saattavat kuulostaa kummalliselta yhdistelmältä nykyajan ammattilaisille. Kuitenkin sellaiset ilmaisut kuin "sitoutuminen" ja "into", joita liikealan asiantuntijat toistuvasti käyttävät puheissaan, kirjoituksissaan ja keskusteluissaan, pohjautuvat tosiasiassa tähän energiaan. Näiden sanojen takana oleva voima on rakkaus, jota ilman menestys ja saavutukset ovat mahdottomia.

Eräät liikealan konsultit pitävät rakkautta vanhentuneena konseptina tai teoriana. He esittelevät uusia sanoja ja sanontoja, jotta vaikuttaisi siltä, että he opettavat jotakin erilaista, tyylikästä uutta konseptia. Esimerkiksi suosiossa oleva "ole tässä ja nyt"-terminologia, jota ihmiset kutsuvat nykyisin new age -filosofiaksi, ei ole lainkaan uutta. Se on vain "vanhaa viiniä uudessa pullossa". Menneiden aikojen tietäjät olivat tuoneet tämän esille Upanishadeissa. Eräs pyhien kirjoitusten lausuma on: "Eha atra iva". Se tarkoittaa: "Ole tässä ja nyt." Jumala on tässä, autuus on tässä, elämä on tässä; ne ovat tässä hetkessä. Tämä on kirjoituksen sisältämän lausuman todellinen sisältö. Joten vaikka asiaa ei kirjoituksissa olisikaan mainittu täsmällisesti tieteellisiä ja teknisiä termejä käyttäen, voimme tosiasiassa löytää lähes kaikkien uusien ja innovatiivisten ideoiden alkuperän siemenmuodossa muinaisista kirjoituksista.

Suosittu amerikkalainen tiedekirjoittaja Carl Sagan sanoi: "Meidän kaltaisillemme pienille olennoille maailmankaikkeuden valtavuus tulee siedettäväksi vain rakkauden kautta." Menestys ei voi selviytyä erillisenä. Se tarvitsee rakkauden tukea. Saattaa vaikuttaa siltä, että olemme kiipeämässä ylös menestyksen tikapuita ilman rakkauden tukea, mutta tulemme epäonnistumaan ylöspäin suuntautuvan liikkeen ylläpitämisessä. On tietenkin itsestämme kiinni, päätämmekö kantaa sydämissämme rakkauden kirkasta valoa, kun nousemme tikkaita. Mutta muistakaa, että mitä korkeammalle kohoamme ilman rakkauden ehdotonta tukea, sitä lujemmin iskeydymme maahan, kun putoamme.

Amma selittää tätä teemaa edelleen: "Rakkautta voidaan verrata tikapuihin. Suurin osa ihmisistä on rakkauden tikapuiden alimmalla askelmalla. Älä jää sinne. Jatka kiipeämistä askelma kerrallaan. Nouse vähitellen alimmalta askelmalta korkeimmalle. Nouse alimmalta, karkealta tunteentasolta korkeimpaan olemisen tilaan, rakkauden puhtaimpaan muotoon. Puhdas rakkaus on energian puhtain muoto. Siinä tilassa rakkaus ei ole tunne. Se on puhtaan tietoisuuden ja rajattoman voiman jatkuvaa virtausta. Sellaista rakkautta voidaan verrata hengitykseemme. Et sano: 'Hengitän vain perheeni ja sukulaisteni edessä, en vihollisteni ja vihaamieni ihmisten edessä.' Ei. Missä tahansa oletkin, mitä tahansa teetkin, hengitys vain tapahtuu. Samalla tavoin, anna rakkautta jokaiselle ilman mitään eroa, äläkä odota mitään vastineeksi. Pysy aina antajana, älä ottajana."

Uuden sukupolven tulkinnan mukaan rakkaus näyttää olevan pikemminkin kertakäyttöinen tai kierrätettävä tunne. "Käytä ja heitä kertakäyttörakkaus pois"-tyyliset ideat ovat houkuttelevaa uutta kulttuuria, jonka nuoriso ottaa suurella innolla vastaan. Tapasin äskettäin nuoren miehen, joka oli rikkaan liikemiehen poika. Keskustelumme puolivälissä hän sanoi: "Isälläni on kaikkia näitä omituisia käsityksiä liike-elämästä. Hän uskoo työntekijöiden arvostamiseen, rehellisyyteen kaupankäynnissä, antamiseen vähemmän onnekkaille ja moneen muuhunkin vanhaan, alkukantaiseen, epäolennaiseen ja epäkäytännölliseen ihanteeseen."

Minun näkökulmastani katsottuna mielenkiintoinen osuus pojan katsontakannasta on se, että isä rakensi liiketoimintansa tyhjästä ja huolehti siitä vuosien ajan. Se oli hänen vertaan ja hikeään. Olin järkyttynyt kuullessani nuoren miehen tunteettomat ja ajattelemattomat huomautukset isänsä hyveistä.

Hänen kommenttinsa hiljensi minut hetkiseksi. Mutta en voinut olla sanomatta hänelle: "Ei ihme, että tunnet tällä tavoin. Et ole kokenut sitä kipua, taistelua, kärsimystä ja niukkuutta, jotka isäsi on joutunut käymään läpi. Se saa aikaan valtaisan eron havainnoissa. Hän ymmärtää, kun taas sinulta puuttuu kokemus, jota tarvitaan hänen rikkaaseen tietoisuuteensa. Toivottavasti opit kokemuksen kautta."

Kultakoruihin liittyy tunnettu mainoslause: "Old is Gold-Vanha on kultaa." Todellinen kulta on rakkautta. Se on vanhaa, uutta ja aina tuoretta. Kuten sananlasku sanoo: "Rakkaus on vanhin vaeltaja maan päällä." Sanoisin, että rakkauden puhdas energia on alkuperäistä, kallisarvoista ja korvaamatonta, koska rakkaus on ainoa totuus.

Vaikka kuulemme seksuaalisesta ahdistelusta työpaikalla ja sen ulkopuolella, mikä saattaa näyttää halventavan luontaista rakkauden voimaa, puhdas rakkaus on silti ikuinen totuus ja pysyy sellaisena.

Sitä ei voi milloinkaan muuttaa. Amma sanoo: "Emme voi pyytää uutta totuutta. Kaksi plus kaksi on aina ollut neljä. Voimmeko muuttaa sen viideksi? Se on mahdotonta. Samalla tavoin, totuus on aina ollut vakio. Se on vääristelemätön ja muuttamaton. Se on puhdasta rakkautta, meidän todellinen olemuksemme, energiaa puhtaimmassa muodossaan."

Kykymme olla ilmaisuvoimaisia, luovia, tuotteliaita ja vuorovaikutuksellisia riippuu kyvystämme samaistua sisäiseen rakkauden tunteeseen, joka määrittelee myös onnellisuutemme ja rauhamme tason.

Charles Darwin sanoo omaelämäkerrassaan: "Olen kertonut, että yhdessä suhteessa mieleni on muuttunut viimeisten kahden- tai kolmenkymmenen vuoden aikana. Kolmenkymmenen vuoden ikäiseksi saakka, tai vähän yli, monenlainen runous tuotti minulle paljon iloa, kuten Miltonin, Grayn, Byronin, Wordsworthin, Coleridgen ja Shelleyn työt. Jo koulupoikana nautin suuresti Shakespearesta, etenkin hänen historiallisista näytelmistään. Olen sanonut myös, että aiemmin kuvat ja musiikki tuottivat minulle paljon mielihyvää. Mutta nyt en ole moneen vuoteen kyennyt lukemaan riviäkään runoutta. Olen äskettäin yrittänyt lukea Shakespearea, ja se oli minusta niin sietämättömän tylsää, että se sai minut voimaan pahoin. Olen lähestulkoon menettänyt mieltymykseni taidetta ja musiikkia kohtaan. Mieleni näyttää tulleen jonkinlaiseksi koneeksi, joka työstää yleisiä lakeja suurista kokoelmista tosiasioita. En voi käsittää, miksi tämän olisi pitänyt surkastuttaa pelkästään se osa aivoja, josta nämä korkeammat mieltymykset ovat riippuvaisia. Näiden mieltymysten menettäminen on onnellisuuden menettämistä. Jos voisin elää elämäni uudestaan, määräisin itselleni säännön, jonka mukaan minun on luettava jonkin verran runoja ja kuunneltava jonkin verran musiikkia ainakin kerran viikossa. Näiden mieltymysten menettäminen on onnellisuuden menettämistä, ja se voi mahdollisesti olla vahingollista älylle ja vielä todennäköisemmin moraaliselle luonteelle, koska se tekee emotionaalisen osan luonteestamme voimattomaksi."

Vaikka tuossa ei olekaan mainintaa rakkaudesta, Darwinista oli luultavasti tullut rakkaudeton ihminen tai ihminen, jolla oli vain hyvin vähän rakkautta jäljellä sydämessään. Jos henkilö ei kykene nauttimaan musiikista ja runoudesta, mitä luultavimmin myös rakkaudesta tulee hänelle lähes tavoittamatonta.

Unohdammeko liiketoiminnan rakentamisen, rahan ansaitsemisen, maineen ja kuuluisuuden luomisen ja voiman lisäämisen nimessä, että rakkaus on suurin voima ja kaikkein kaunein lahja Jumalalta? Olisi tuhoisaa, jos rakkaudesta tulisi unohdettu kieli liike-elämässä ja politiikassa. Liike-elämä on ihmiskunnan tuotannon johdossa ja valtaapitävä politiikka on suojanamme. Mikä on osamme, jos nämä kaksi ihmiskunnan päätä unohtavat olemassaolomme tärkeimmän aineksen?

Kun sanon, että liike-elämän johtajien ja päättäjien ajatuksiin ja tekoihin tulisi sisällyttää rakastavia ja myötätuntoisia periaatteita, en tarkoita tunteeseen keskittyvää rakkautta. Tunteiden ympärille keskittyvällä rakkaudella voi olla tuhoava luonne, koska se johtaa epä-älykkääseen kiinnittymiseen. Arvostelukyvyn voiman menettämisen myötä sellainen rakkaus voi aiheuttaa enemmän haittaa kuin hyötyä sekä yksilölle että yhteiskunnalle.

Puhunkin ennemmin rakkaudellisesta ja myötätuntoisesta katsantotavasta, joka pohjautuu aidoille henkisille periaatteille. Tämä tarkoittaa vilpitöntä yritystä nähdä asiat laajemmasta näkökulmasta soveltamalla sopivassa määrin tasa-arvoisuuden, kunnioituksen, tunnustuksen ja huolenpidon periaatteita tiimin jäseniä kohtaan riippumatta heidän tehtävästään ja asemastaan. Amma pyytää toistuvasti tiiminsä jäseniä keskustelemaan vaihtoehdoista ja työstämään lopputuloksia yhdessä, saavuttamaan yhteisymmärrys kaikissa päätöksissä. Hän haluaa erityisesti tutkimuksen olevan monitieteellistä. Tietysti hän haluaa näin kunkin akateemisen osaston ja tieteenalan tutkimustulokselle tuottaman lisäarvon vuoksi, mutta lisäksi myös rohkaistakseen tieteilijöitä koko yliopistossa opettelemaan yhdessä työskentelyä, toistensa kunnioittamista ja oppimaan toisiltaan. Muussa tapauksessa tutkijoista voisi helposti tulla eristäytyneitä saarekkeita, jotka tekisivät päätöksiä vain omien rajallisten resurssiensa pohjalta. Kun heidän on pakko tehdä yhteistyötä muiden kanssa yhteistä tavoitetta varten, mukaan tulevat nöyryys, kunnioittava kuunteleminen, tiedostaminen ja sitoutuminen. Vaikka ajattelisimmekin tietävämme ratkaisun, päätökset tehdään yhteisymmärryksessä, ja meidän on pysyttävä avoimina vaihtoehdoille ja muiden näkemyksille.

Kun on kysymys suurista päätöksistä kuten valtavien rahasummien sijoittamisesta uuteen liiketoimeen tai toiminnan laajentamisesta uuteen kaupunkiin tai maahan, yhtiöissä saatetaan käyttää useita kuukausia aivoriihiin. Aikaa kuluu asiantuntijoiden kanssa suunnitteluun ja neuvotteluun etuja ja haittoja pohdittaessa. Komiteat saattavat kokoontua loputtomasti pohtimaan kysymyksiä.

Päinvastoin kuin tässä kömpelössä järjestelmässä, Amman tapa toimia on tehdä yhtäkkisiä muutoksia ja toteuttaa ne heti. Joskus hän pyytää jotakuta siirtymään pois tehtävästä ja luovuttamaan vastuu toiselle. Tämä voi tapahtua missä tahansa, milloin tahansa. Amma tekee näitä päätöksiä automatkalla, satojen ihmisten ympäröimänä puistossa istuessaan, tienvierustalla, syrjäisessä kylässä, lentokentällä, lentokoneessa, ja ottaessaan tuhansia ihmisiä henkilökohtaisesti vastaan jossakin ohjelmapaikassa.

Esimerkiksi päätös tehdä muutos tietyssä avustusprojektissa tai jossakin laitoksessa voi tulla määräyksen, nöyrän pyynnön tai rakastavan ja myötätuntoisen vuorovaikutuksen muodossa kesken leikkisää hetkeä asianomaisen tiimin jäsenen kanssa. Mitä se onkaan, hyväksymistaso on korkea. Rangaistuksen pelkoa ei ole. Ei pettymystä alennuksesta, tappiosta tai vallasta syöstyksi tulemisesta. Koko prosessi on niin kaunis. Se avautuu kuin kukan nuppu.

Amma kertoo vitsejä kesken keskustelun ja myös rohkaisee ihmisiä ympärillään kertomaan vitsin tai tarinan. Tästä syntyy paljon naurua ja hilpeitä hetkiä. Lyhyesti sanottuna, koko ”töihin oton ja potkujen annon” prosessista tulee suuri juhlatilanne. Amma muuntaa siten ilmeisen vaikean ja epämiellyttävän tilanteen ikimuistoiseksi kokemukseksi niille, jotka ovat ”ulkona”, ja niille, jotka ovat ”sisällä”. Tästä prosessista tulee meditaatiota, elämää rikastuttava tilaisuus.

Jollei ensin kosketeta ihmisten sydämiä ja luoda heihin yhteyttä, ei voida odottaa heidän muuttuvan. Yhteyden luominen ja koskettaminen auttaa liikuttamaan ihmisiä tunteella, jotta heidät voisi ohjata toimintaan. Amma ymmärtää tämän totuuden ja on johtaja, joka vaikuttaa ihmisten sydämiin rakkaudella ja myötätunnolla.

Eräällä ranskalaisella naisella, Amman seuraajalla, oli tapana ostaa hyvin kalliita tavaroita. Hänellä oli hinku ostaa turkkeja, merkkiparfyymeja, tyylikkäitä aurinkolaseja, kalliita kelloja ja niin edelleen. Jos hän ei voinut jostain syystä hankkia niitä, hän tuli hyvin levottomaksi ja menetti jopa yöunensa. Kerran hän tuli tapaamaan Ammaa Intiaan. Hän asui ashramissa kuukauden verran ja palasi sitten Pariisiin. Kuukautta myöhemmin hän lähetti kirjeen Ammalle.

Kirjeessä hän selitti tapaansa ostaa aina kalliita tavaroita. Hän sanoi, että palattuaan kotiin hänelle tuli pakkomielle hankkia tietynmerkkinen kello. Mutta koska kello oli hyvin kallis, hänen täytyi tehdä ylitöitä ja olla hyvin tehokas työssään. Kun hän oli ansainnut tarpeeksi rahaa kellon ostamiseen, hän meni kauppaan, jossa oli laaja valikoima kelloja. Kun hän silmäili haluamansa kellon hintalapussa olevaa valtavaa hintaa, hän muisti yhtäkkiä orvot, liikuntarajoitteiset ja kodittomat ihmiset, joita hän oli nähnyt Intian vierailunsa aikana, sekä Amman myötätuntoisen tavan ojentaa heille auttava kätensä.

Hän ajatteli: "Jos ostan tämän kellon, se tekee minut ehkä joksikin aikaa onnelliseksi. Mutta tällä rahalla voin auttaa niin monia puutteessa olevia ihmisiä, jotka tarvitsevat ruokaa, vaatteita, lääkkeitä ja kunnollista koulutusta. Minun tarvitsee tietää vain aika, ja seitsemän euron kellokin riittää siihen tarkoitukseen. Eikö minun tulisi käyttää tämä raha antaakseni vähän valoa niin monien kärsivien ihmisten elämään?" Hän luopui ajatuksesta ostaa kallis kello, ja päätti käyttää rahat sen sijaan köyhien ja tarpeessa olevien auttamiseen.

Hän päätti kirjeen sanoihin: "Kiitos, Amma, että olet auttanut minua yhdistymään jälleen sisälläni olevan rakkauden kanssa. Olin aina hyvin kireä ajatellen vain asioita, joita tahdon ostaa. Tunnen nyt syvää ilon tunnetta ja tyytyväisyyttä, jollaista en ole kokenut milloinkaan aikaisemmin."

Milloin tahansa Ammalta kysytäänkin järjestömme saavutuksista, Amma vastaa: "Minun rikkauteni ovat joukkueeni hyveelliset ja hyväsydämiset ihmiset. He tekevät kaiken." Vaikka Amma onkin ainoa innoittaja ja opastaja, Amma ei ota itselleen mitään ansiota. Hänellä ei ole vaatimuksia, ei tarrautumisen kohteita. Tämä todella auttaa ihmisiä omasta tahdostaan tarjoamaan palveluitaan hänen edustamaansa hyvää tarkoitusta varten.

Minulle Amma edustaa harvinaista toimitusjohtajien alalajia, jonka edustajat ovat pikemminkin tarkkaavaisia työn ohjaajia kuin toimitusjohtajia. Tarkkaileva työn ohjaus tarkoittaa takertumattomuutta, toimitusjohtajuus auktoriteetin käyttöä. Annan esimerkin. Amma on matkustanut ympäri maailmaa vuodesta 1987 lähtien. Joka vuosi hän tekee matkan Yhdysvaltoihin, Eurooppaan, Australiaan, Etelä-Aasian maihin, Etelä-Amerikkaan ja Afrikkaan, kuhunkin vuorollaan. Yhden sellaisen Yhdysvaltoihin suuntautuneen matkan aikana Amma asui erään seuraajansa kattohuoneistossa Manhattanilla, New Yorkissa. Se oli valtava, ylellinen huoneisto. Erään lehdistökonferenssin aikana yksi toimittajista sanoi: "Katsokaa tätä ylellistä huoneistoa, kun sitä vastoin ulkopuolella on kodittomia ihmisiä." Amma sanoi: "Minulle koko maailma on kuin vuokrahuoneisto. On kuin asuisit hotellissa. Viivyt siellä jonkin aikaa, päivän tai pari, ja sitten muutat pois. En kiinnity mihinkään." Amma jatkoi: "Tänään olen täällä. Huomenna asun pimeässä huoneessa Manhattanin keskustassa. Euroopassa asun ohjelmapaikoilla. Useimmat niistä paikoista ovat urheiluhalleja. Kahden tai kolmen päivän ohjelmien aikana asun hallin pukuhuoneissa, joissa ei ole ilmanvaihtoa, kunnon kylpyhuoneita tai WC:tä. Nautin molemmista."

Kun kykenemme olemaan tarkkaavaisia, pysymme tosiasiassa kaiken yläpuolella, seuraamme sivusta kaikkea, ja saamme kaikesta ylevöityneen kuvan. Tästä tilasta johtaja löytää täyttymyksen.

Amma sanoo: "Aito johtaja on todellinen yhteiskunnan palvelija. Nykyaikana kuitenkin jokainen haluaa olla kuningas. Millaiseen tilaan päätyykään kylä tai valtio, jossa kaikki taistelevat kuninkuudesta? Sellainen yhteiskunta päätyy vain kaaokseen ja sekasortoon. Tämä on maailmamme tila nykyään. Ihmiset haluavat olla vain johtajia. Lopputuloksena ei ole ketään, joka palvelisi kansaa. Ryhdy todelliseksi kansan palvelijaksi, ja sinusta tulee todellinen johtaja."

Kun oivallamme epäitsekkyyden ytimen, sellaisena kun se ilmenee luonnossa, ja teemme siitä elämämme keskeisen sisällön, tulemme kokemaan vain syvää kiitollisuuden tunnetta. Kaikki muu katoaa, ja me pysymme nöyränä uhrilahjana, hyväksyen kiitollisena kaiken, minkä maailmankaikkeus meille lähettää. Tässä kohden feminiiniset ja maskuliiniset energiat kohtaavat ja tulevat yhdeksi.

Amman menestys on puhtaan feminiinisen energian riemuvoitto, hienosäädettynä ja täydellisesti yhdistettynä voimakkaaseen maskuliiniseen energiaan. Amma sanoo asian näin: "Äitiyden syvä tunne on kovaa vauhtia häviämässä maan päältä. Ei vain naisten, vaan myös miesten on työstettävä feminiinisiä ominaisuuksiaan."

Feminiininen energia on erityisen pystyvä suorittamaan useita tehtäviä samaan aikaan. Katsotaanpa äitiä. Hän huolehtii vauvastaan, valmistaa aamiaista, vastaa puhelimeen, etsii väärään paikkaan laitettua television kaukosäädintä, löytää säätimen ja laittaa television päälle toista lastaan varten, kaikki yhtä aikaa. Kuulostaa yksinkertaiselta, eikö vain? Yritä sitä itse, ja näe kuinka hyvin onnistut.

Lapsen kanssa on vaikeaa nukkua, koska lapsi on täynnä energiaa. Olet väsynyt, ja vaivut uneen heti, kun pääsi osuu tyynyyn. Mutta lapsi haluaa juuri silloin leikkiä, kuulla tarinan, tai katsella sarjakuvia. Tai ainakin saada lasillisen vettä tai päästä vessaan. Äiti voi kestää tämän kaiken. Hänellä on kärsivällisyyttä, kun taas miehille tämä voi olla tavattoman haasteellinen tilanne.

Feminiinisessä energiassa on myös joustavuutta ja notkeutta, joka maskuliinisesta energiasta puuttuu. En sano, että miehissä sitä ei ole lainkaan. Sitä on miehissä hyvinkin paljon, mutta piilevänä. On varmaa, että voimme herättää tuon energian ja soveltaa sitä jokapäiväisissä toimissamme. Jotkut yksinhuoltajaisät esimerkiksi sulauttavat itseensä feminiinistä energiaa ja tekevät suurenmoista työtä kasvattaessaan yksin lapsia.

Näen tämän feminiinisen energian voiman Ammassa vahvempana, mutta sopivassa suhteessa maskuliinisen energian kanssa. Aina kun näen Amman toiminnassa, koen miten hänen tavallisen näköisestä hahmostaan säteilee erikoista energiaa.

Hän itse sanoo: "Mielen puhdistuminen ja rakkauden puhdistuminen tapahtuvat samanaikaisesti. Ne luovat ylöspäin suuntautuvan energiavirtauksen, joka vie sinut lopulta olemassaolon huipulle."

Jeesus sanoi: "Typerykset! Puhdistatte maljan ulkopuolelta. Ette puhdista sisäpuolta. Ettekö tiedä, että kupin sisäpuoli on käyttökelpoisempi kuin ulkopuoli?" Jokainen ihmiskeho on kuppi tai malja, ja me puhdistamme ulkopuolta joka päivä käymällä suihkussa. Mutta kuinka moni meistä puhdistaa sisäpuolta – mieltä, ajatuksia, ja elämän sisäistä olemuspuolta? Bhagavad Gita kuvaa tätä asetelmaa termien *kshetra* (keho) ja *kshetragña* (sisäinen sielu) avulla. Keho on temppeli ja sisäinen itse (sielu) on jumaluus.

Albert Einstein sanoi inspiroivasti: "Ihminen on ajassa ja avaruudessa rajoitettu osa kokonaisuutta, jota kutsumme maailmankaikkeudeksi. Hän kokee itsensä, ajatuksensa ja tunteensa jonakin muusta erillisenä, jonkinlaisena oman tietoisuutensa optisena harhana. Tämä harha on meille eräänlainen vankila, joka rajoittaa meidät henkilökohtaisiin mielihaluihimme ja kiintymykseen muutamia lähimpiämme kohtaan. Tehtävämme on vapauttaa itsemme tästä vankilasta laajentamalla myötätuntomme piiri kattamaan kaikki elävät olennot ja koko luonto kauneudessaan."

Ihmiset ovat kuitenkin vähiten huolissaan toisten osasta. Rahan ja vallan asiaa ajavat ovat nousussa. Arvojen rappeutuminen huonontaa asioita entisestään. Ahneuteen uppoutuneina ja turvattomuuden tunteesta ahdistuneina ihmiset viettävät onnetonta elämää, jota suru kalvaa sisältäpäin.

Selviytyminen edellyttää muutosta. Jos vastustamme tätä muutosta, luonto pakottaa meidät muuttumaan, mikä tulee näkymään luonnonkatastrofeina.

Amma selittää: "On olemassa kypsymistä ja vanhenemista. Kypsyminen on kasvamista, kun taas vanheneminen johtaa pelkoon ja kuolemaan. Vanheneminen tulee kaikkien, jokaisen olennon osaksi, kun taas kypsymistä tapahtuu vain niille, joilla on rohkeutta mennä elämän kokemusten pintakerroksen alle ja hyväksyä muutos täysin avoimena."

Kuten Bernard Shaw tähdensi: "Kehitys on mahdotonta ilman muutosta, ja ne, jotka eivät voi muuttaa mieltään, eivät voi muuttaa mitään." Lyhyesti sanottuna, todella hyödyllinen muutos tapahtuu vain, kun sisäisessä tietoisuudessamme tapahtuu siirtymä, johon liittyy vanhojen muistojen, tapojen jne. hylkääminen. Jos emme tee sisäistä työtä ja karkota menneisyyden pimeyttä, luomme vain väärän vaikutelman siitä, että olemme muuttuneet. Todellisuudessa olemme harhan vallassa. Käytämme menneisyyden naamiota ja samaistumme siihen täydellisesti. Uskomme olevamme naamiomme ja saatamme jopa johtaa muita pitkin samaa polkua. Kuten kirjoitukset sanovat: "On kuin sokea taluttaisi sokeaa." Suoraan sanottuna, ajaudumme kohti jopa suurempaa pimeyttä.

Mielemme saattaa yrittää vakuuttaa meille, että olemme menneisyyden pimeiden kammioiden ulkopuolella, että olemme ottaneet suuria harppauksia rajoituksistamme vapautumisessa. Jotkut ihmiset vain teeskentelevät olevansa vapaita menneisyydestä. Toiset ovat yksinkertaisesti tietämättömiä siitä, että he ovat yhä menneisyyden otteessa. Jos joku on todella ylittänyt rajoituksensa ja heikkoutensa, se näkyy myös heidän teoissaan.

Vain jos teemme sisäisen matkan menneisyydestä nykyisyyteen, voimme toivoa, että tulemme selviytymään ja kukoistamaan. Vaikka negatiivisuuksien tummat pilvet ovatkin lisääntymässä, ennakkoluuloton arviointi näyttää eloisia merkkejä heräämisestä, elpymisen kutsuhuudosta. Sisäiseen muutokseen johtavat vilpittömät yritykset ovat saapumassa. Me voimme tehdä sen. Todellisuudessa vain me itse voimme tehdä sen. Meidän on vain oivallettava ääretön voima sisällämme.

Vastoinkäymiset ovat kaikkein hedelmällisin maaperä henkistä kasvua varten. Ponnistelun ja urhean vaarojen kohtaamisen kautta siemen versoo maan alta ja kasvaa suureksi varjoa antavaksi puuksi.

Amman sanat muistuvat mieleeni: "Annamme ruusulle lannoitteeksi yleensä lehmänlantaa ja käytettyjä teenlehtiä. Haisevasta niin kutsutusta loasta tulee esille kaunis ja tuoksuva ruusunnuppu. Kasvissa itsessään on lukuisia piikkejä, ja silti ruusunnuppu pysyy onnellisena kiinni varressa, kaikkien negatiivisten olosuhteiden keskellä, levittäen kauneuttaan kaikkialle. Samalla tavoin, vaikka kaikki maailmassa näyttäisi olevan menossa vikaan, me voimme ja meidän täytyy kasvaa ulos tästä väliaikaisesta pimeydestä."

Kaikki on dynaamista ja jatkuvassa muutoksen tilassa. Maailmassa on todellinen kaipuu kohti muutosta, missä saattaa olla enemmänkin kysymys arvojen tuomisesta etualalle kuin rikkoutuneen maailman korjaamisesta. Eräät Fortune 500 -listan yhtiöt ovat pikkuhiljaa liittämässä liiketoimintasuunnitelmiinsa myötätuntoa. Ne ottavat askelia huolehtivaisuuden ja henkisyyden suuntaan. Sellaiset yhtiöiden johtokuntien jäsenet, jotka haluavat toimia sosiaalisesti vastuullisella tavalla, ovat vakavasti kyseenalaistamassa yhtiöiden tavanomaiset itsekkäät motiivit ja piittaamattomuuden ihmisistä ja luonnosta.

Kulkekoot siis intohimomme ja myötätuntomme käsi kädessä. Muuttukoot ajatuksemme itsetutkiskelun ja meditaation myötä. Muuttukoot kaikki energiaa kuluttavat tunteemme rakkaudeksi, energian puhtaimmaksi muodoksi.

www.ingramcontent.com/pod-product-compliance
Lightning Source LLC
LaVergne TN
LVHW051734080426
835511LV00018B/3055